A (R)EVOLUÇÃO DAS
HABILIDADES
PARA O
FUTURO
DO TRABALHO
NA ERA DA INTELIGÊNCIA ARTIFICIAL

Dados Internacionais de Catalogação na Publicação (CIP)
(Claudia Santos Costa – CRB 8ª/9050)

Gabriel, Martha
A (r)evolução das habilidades para o futuro do trabalho na era da inteligência artificial / Martha Gabriel – São Paulo : Editora Senac São Paulo, 2025.

ISBN 978-85-396-5434-5 (impresso/2025)
e-ISBN 978-85-396-5435-2 (ePub/2025)
e-ISBN 978-85-396-5436-9 (PDF/2025)

1. Inteligência artificial – Habilidades e competências. 2. Trabalho – Efeito das inovações tecnológicas. 3. Futurismo. I. Título.

25-2415c

CDD–006.3
650.1
BISAC COM004000
BUS059000

Índice para catálogo sistemático:
1. Inteligência artificial   006.3
2. Trabalho : Habilidades e competências   650.1
3. Trabalho : Efeito das inovações tecnológicas   306.36

MARTHA GABRIEL

A (R)EVOLUÇÃO DAS
HABILIDADES
PARA O
FUTURO
DO TRABALHO
NA ERA DA INTELIGÊNCIA ARTIFICIAL

EDITORA SENAC SÃO PAULO – SÃO PAULO – 2025

ADMINISTRAÇÃO REGIONAL DO SENAC NO ESTADO DE SÃO PAULO
Presidente do Conselho Regional: Abram Szajman
Diretor do Departamento Regional: Luiz Francisco de A. Salgado
Superintendente Universitário e de Desenvolvimento: Luiz Carlos Dourado

EDITORA SENAC SÃO PAULO
Conselho Editorial: Luiz Francisco de A. Salgado
Luiz Carlos Dourado
Darcio Sayad Maia
Lucila Mara Sbrana Sciotti
Luís Américo Tousi Botelho

Gerente/Publisher: Luís Américo Tousi Botelho
Coordenação Editorial: Verônica Marques Pirani
Prospecção: Andreza Fernandes dos Passos de Paula,
Dolores Crisci Manzano, Paloma Marques Santos
Administrativo: Marina P. Alves
Comercial: Aldair Novais Pereira
Comunicação e Eventos: Tania Mayumi Doyama Natal

Edição e Preparação de Texto: Vanessa Rodrigues
Coordenação de Revisão de Texto: Marcelo Nardeli
Revisão de Texto: Gabriel Joppert
Coordenação de Arte: Antonio Carlos De Angelis
Projeto Gráfico e Editoração Eletrônica: Manuela Ribeiro
Capa: Tiago Paulino
Imagem de capa e das aberturas de capítulo: Adobe Stock
Impressão e acabamento: Gráfica Santa Marta

Todos os direitos reservados. Nenhuma parte deste livro pode ser reproduzida ou utilizada de nenhuma forma ou em nenhum meio, eletrônico ou mecânico, incluindo fotocópias, gravações ou por qualquer sistema de armazenamento e recuperação de informações, sem a prévia autorização da editora por escrito.

Editora Senac São Paulo
Av. Engenheiro Eusébio Stevaux, 823 – Prédio Editora
Jurubatuba – CEP 04696-000 – São Paulo – SP
Tel. (11) 2187-4450
editora@sp.senac.br
https://www.editorasenacsp.com.br
© Editora Senac São Paulo, 2025

Sumário

NOTA DO EDITOR, 7

INTRODUÇÃO, 11

Humanos & máquinas, 12

1. FUTURO DO TRABALHO, 17

A nossa caixa de ferramentas, 21

Compreendendo a revolução
tecnológica atual, 25

A reconfiguração tecnológica do
trabalho, 31

Evolução do sistema produtivo, 38

Evolução do sistema produtivo
humano-tecnológico, 40

DNA do trabalho
na revolução atual, 44

**2. IDENTIFICANDO
AS HABILIDADES
PARA O FUTURO, 47**

Conhecendo (ou relembrando)
os pilares da nossa
atuação profissional, 50

Mapeando habilidades estratégicas
para vencer os desafios, 52

3. MAPA DO TESOURO, 75

Os desafios para desenvolver
as habilidades que
o futuro exige, 78

Superpoderes, 80

Pensamento crítico, 82

Pensamento sistêmico, 84

Alfabetização tecnológica, 86

Criatividade, 93

Adaptabilidade e flexibilidade, 97

Colaboração, 100

Resiliência, 107

Comunicação, 114

Letramento em futuros, 115

Decifrando o mapa, 117

4. A HABILIDADE ZERO, 121

A nossa bússola para navegar
em um mundo complexo
e acelerado, 124

Ascensão e queda
da inteligência, 129

Da estupidez à lucidez, 137

A tomada de decisão, 140

Pensando na vida, 142

Desenvolvendo o
pensamento crítico, 144

5. MÁQUINA DE LUCIDEZ, 149

Questionamento, 153

Repertório, 163

Persuasão racional, 167

Superação de vieses cognitivos, 179

Valores, 192

"Lucidificando" futuros, 195

**6. ENXERGANDO
FUTUROS, 197**

Futuros: previsão, visão e ação, 200

Futurismo, 203

A aceleração tecnológica, 205

Criando futuros
estrategicamente, 210

Enxergando mais longe, 211

Liderando o futuro, 212

7. PRÓXIMOS PASSOS, 215

ÍNDICE, 221

NOTA DO EDITOR

Martha Gabriel costuma dizer que o desenvolvimento de habilidades não é um destino, mas uma viagem contínua e transformadora por meio da qual nos tornamos quem queremos e *precisamos* ser.

Na presente obra, a autora trata dos preparativos dessa viagem, abrindo o mapa das habilidades necessárias para sobreviver na Era da Inteligência Artificial e indicando a rota de cada uma delas.

Referência em educação para o mundo do trabalho, o Senac São Paulo convida estudantes e profissionais a embarcarem nessa jornada que, página a página, ensina a enxergar e aproveitar as mudanças que a tecnologia impõe no cotidiano de todos nós.

A **tec-nologia** não nos torna **irrele-vantes.**

A **falta** de **adaptabilidade**, sim.

– MARTHA GABRIEL

INTRODUÇÃO

Com o avanço da **inteligência artificial** nos últimos anos, estamos vivendo uma **aceleração vertiginosa nos processos de automação** em virtualmente tudo ao nosso redor: saúde, negócios, direito, comunicação, marketing, ciência, entretenimento, criatividade, etc. Em meio a essa automatização galopante, emerge uma **pergunta urgente** para a **humanidade**: qual o **impacto disso na nossa existência**? A resposta que se delineia é: **inédito, enorme e rápido**. Se será enorme e rapidamente **bom** ou enorme e rapidamente **ruim**, depende de **nós** – tanto no nível da humanidade (todos nós) quanto no do indivíduo (cada um de nós). Temos pouco controle sobre o primeiro, mas temos muito poder sobre o segundo, e é esse, portanto, que vamos focar aqui.

No nível do **indivíduo**, a primeira **decisão** que tomamos – consciente ou inconscientemente – quando enfrentamos qualquer **impacto significativo** nas nossas vidas é **optar** entre nos tornarmos **senhores ou vítimas da mudança** que ele causa. Imagine uma onda gigante se aproximando de um surfista. Ela poderá tanto afogá-lo quanto conduzi-lo, dependendo de **como ele atua**: **resistindo** a ela ou **utilizando-a como impulso**. O mesmo acontece com a onda da automação tecnológica no mundo hoje – aqueles que não optarem por aprender a se impulsionar com ela estarão fadados a ser arrastados e asfixiados por ela. A **consolidação de várias tecnologias** cada vez mais poderosas[1] forma um **tsunami** de transformações que nos **alavanca** ou nos **esmaga**, dependendo das nossas **habilidades para lidar com elas**.

Humanos & máquinas

Nesse contexto, conforme a automação tecnológica avança, **humanos que exercem apenas trabalhos repetitivos,** tanto braçais quanto mentais, **tendem a ser substituídos por máquinas**. Testemunhamos a automação mecânica no século XX, com a industrialização sendo conduzida cada vez mais por computadores e máquinas e cada vez menos por humanos, que passaram a ser necessários em outros tipos de atividade no **sistema produtivo mecânico**. Neste século, estamos experimentando a **automação mental** por meio da ascensão da inteligência artificial – a velocidade e a precisão das máquinas em áreas automatizáveis superam fantasticamente as dos seres humanos! Da mesma forma que aconteceu no século passado, a automação mental atual demanda uma **adaptação dos humanos**, que passam a ser necessários em outras atividades no **sistema produtivo mental**.

---

1   Inteligência artificial, internet das coisas, big data, *blockchain*, impressão 3D, nanotecnologia, robótica e computação quântica.

No passado, em razão da limitação tecnológica existente, diversas atividades mentais repetitivas precisavam ser executadas por humanos. Agora, na Era Digital, esses trabalhos passam a ser realizados cada vez mais por sistemas computacionais. Consequentemente, a automação – mecânica e mental – está **libertando o ser humano da escravidão dos trabalhos repetitivos**, sejam eles físicos ou mentais. **Não existe mais,** portanto, **espaço para humanos automatizados**, pois, quanto mais a economia se automatiza computacionalmente, mais necessários tendem a ser **humanos que saibam trabalhar com máquinas** utilizando as suas **habilidades humanas**.

Nesse contexto, o **profissional** que passa a ter **valor** é aquele que **se desenvolve e se educa** continuamente para **se tornar o melhor humano possível, aprimorado ao máximo pelas tecnologias disponíveis**.

É importante observar que os que prosperam não são necessariamente os indivíduos e as organizações que criam ou fomentam as tecnologias disruptivas, mas sim aqueles que **possuem as habilidades para navegar as transformações criadas** por essas tecnologias, aqueles que conseguem tanto **enxergar** quanto **evoluir com elas**. E, para isso, é preciso estar **preparado**, pois, no ritmo de mudança em que vivemos, **o futuro não espera nem perdoa a falta de preparo**.

Os **humanos essenciais** na Era das Máquinas são, assim, aqueles que sabem pensar criticamente, perguntar, imaginar, ponderar, negociar, solidarizar, sentir, amar, emocionar-se, fazer emocionar e sentir. Movidos pela ética, pela empatia e pela sustentabilidade. Que usam a tecnologia em vez de serem escravizados por ela. Humanos que sejam humanos, e não robóticos. Que sejam verdadeiramente emocionados, emocionantes, apaixonados e apaixonantes, educados, conectados e que consigam **viver em harmonia com outros humanos** e, também, com **máquinas – contribuindo e extraindo o melhor que cada ser tem a oferecer:** seja um ser **biológico** (carbono), **artificial** (silício) ou **híbrido**.

Portanto, o **futuro do trabalho** não é digital, é **híbrido** – de humanos e tecnologias, de natural e artificial, de mentes e corpos –, e a única forma de prosperar nesse cenário é saber usar rapidamente **o que cada parte pode oferecer de melhor**.

Com isso em mente, escrevi este livro para ajudar qualquer profissional a se **desenvolver**, preparando-se para conseguir se **adaptar** continuamente na **melhor direção** para **aproveitar as oportunidades e mitigar as ameaças** das transformações sucessivas e aceleradas que a tecnologia impõe.

No entanto, o campo de estudo e **desenvolvimento de habilidades e competências humanas** é **extenso, multidisciplinar e complexo**, abrangendo diversas áreas do conhecimento inter-relacionadas. As habilidades humanas relacionam-se entre si, dependem do desenvolvimento de competências, atitudes e outras habilidades, além da aquisição de conhecimento. Portanto, apesar de o nosso objetivo neste livro ser a discussão dessas habilidades para o futuro, não temos – nem poderíamos ter – a pretensão de esgotar o assunto.

Nesse sentido, optamos por alinhar a abordagem da discussão dessas habilidades de forma **estratégica**, para que o livro funcione como um **mapa estratégico de habilidades para o**

futuro, com suas principais características e **indicando** caminhos para seu desenvolvimento.

Para isso, organizamos o conteúdo de forma evolutiva. Nesse percurso, o primeiro capítulo se ocupa do **entendimento do cenário** atual, para que no segundo possamos **identificar as habilidades** necessárias para atuar nesse cenário e, nos capítulos subsequentes, discutir as **habilidades** em si.

Estamos todos juntos nessa jornada de transformação para o futuro. Por isso, desejo Vida Longa e Próspera[2] para você, para mim e para todos os humanos na Era das Máquinas!

– MARTHA GABRIEL, JANEIRO DE 2025

---

2   *"Live long and prosper"* é um frase consagrada pelo personagem vulcano Spock, da série de ficção científica *Star Trek*.

FUTURO DO TRABALHO

Não é sobre novas profissões, é sobre novos profissionais.

„

Por que ler este capítulo.
Assista:

18

Se existe algo inequívoco que a História nos ensinou sobre revoluções tecnológicas é que elas sempre trazem, simultaneamente, bênçãos e maldições. São períodos marcados por um aumento abrupto de **complexidade** que, consequentemente, amplia a dificuldade de conseguir **extrair sentido** dos acontecimentos e **direcionar a tomada de decisões e ações**. Isso intensifica a nossa **vulnerabilidade** aos impactos das transformações que se sucedem, agravando o **desafio de viver e prosperar** no novo contexto que emerge.

No entanto, enquanto cenários de transformação são desafiadores para alguns, eles se mostram extremamente **favoráveis** para outros, pois proporcionam **vantagem competitiva** a quem, apesar das dificuldades, não se perde e consegue **compreender o novo paradigma** que se estabelece, **habilitando-se** para aproveitar as oportunidades e **se defender** das ameaças que se apresentam.

Emergem, assim, aqueles que **vencem as revoluções tecnológicas**, pois **enxergam e entendem** como atuar e conseguem se **preparar** para **extrair valor** das mudanças decorrentes. Exemplos de indivíduos assim: Richard Arkwright,[1] na Primeira Revolução Industrial; Rockefeller,[2] na Segunda Revolução Industrial, e Jeff Bezos,[3] no final do século passado. Embora eles **não tenham inventado as tecnologias** que levaram às revoluções, **souberam reconhecer e aproveitar as transformações** causadas por elas para criar impérios.

Durante as revoluções tecnológicas, existem sempre **vítimas desorientadas**, que ficam à deriva das transformações, e **estrategistas visionários**, que lideram as transformações no caminho para o futuro. A diferença entre um e outro está em conseguir **compreender** a revolução; **enxergar** o que mudou, o que não mudou e o que precisa ser feito para avançar para o futuro; e **se preparar** para conseguir fazer o que precisa ser feito.

---

1   Richard Arkwright (1732-1792) foi um empresário britânico que é frequentemente chamado de o "pai da fábrica moderna", pois foi o primeiro a combinar as novas tecnologias da Primeira Revolução Industrial em um sistema produtivo de larga escala.

2   John D. Rockefeller (1839-1937) foi um empresário norte-americano que fundou a Standard Oil Company e se tornou o homem mais rico da sua época. Ele não inventou o petróleo ou as técnicas de refinamento, mas percebeu que a demanda por querosene, e posteriormente gasolina, cresceria criticamente com as novas indústrias e tecnologias, como motores a combustão e eletricidade. Investiu, assim, em infraestrutura.

3   Jeff Bezos (n. 1961) é o fundador da Amazon, uma das maiores empresas de comércio eletrônico e tecnologia do mundo. Ele não inventou a internet, mas foi um dos primeiros a perceber o potencial do comércio on-line durante a expansão da rede mundial nos anos 1990.

Considerando que o nosso objetivo aqui é tornar você um **estrategista visionário**, neste capítulo vamos buscar **compreender a revolução tecnológica atual** e o futuro do trabalho. Essa compreensão é a base para os capítulos seguintes, nos quais vamos entender **o que mudou** e **as habilidades que precisam ser desenvolvidas** para dar conta das mudanças.

A nossa caixa de ferramentas

Desenvolver **habilidades** é essencial para a formação integral de cada um de nós, pois elas são as **ferramentas** que nos permitem **interagir**, nos **adaptar** e **prosperar** em **diferentes contextos** ao longo da vida. Habilidades, sejam elas cognitivas, socioemocionais, técnicas ou práticas, têm um **papel central na realização de nossos objetivos**, na **solução de problemas**, na tomada de **decisões** e no **enfrentamento das adversidades**.

O **conjunto de habilidades** que desenvolvemos funciona como uma **caixa de ferramentas** à nossa disposição a qualquer momento. No entanto, para ser **útil**, a nossa caixa precisa ter as **ferramentas adequadas** para as **situações que enfrentamos**. Por exemplo, não adianta ter um martelo se o que eu preciso é uma chave de fenda, ou ter uma variação enorme de serrotes quando eu necessito de uma furadeira. Assim, possuir uma caixa de ferramentas repleta de itens de que não precisamos não apenas é inútil como, também, improdutivo, pois (1) carregamos peso adicional o tempo todo, usando nossas forças com o que não é necessário; (2) ocupamos o espaço disponível com inutilidades, e não com o que precisaríamos; e (3) gastamos nosso tempo e nossa energia aprendendo a usar itens de que não precisamos em vez de melhorarmos a nossa capacidade de usar os itens que nos são realmente úteis. Com as nossas habilidades, o processo é o mesmo – **se não escolhemos e desenvolvemos o conjunto adequado** para montar a nossa "caixa", além de ficarmos **despreparados**, nos tornamos **sobrecarregados** e **ineficientes**.

Portanto, **escolher as habilidades** para compor e configurar o melhor **conjunto** ao longo da nossa vida é crucial, pois elas **moldam o nosso desenvolvimento**, determinando como interagimos com o mundo, enfrentamos desafios, aproveitamos oportunidades e construímos nossas trajetórias. Em essência, nossas habilidades influenciam diretamente o que **somos capazes de realizar** e o **impacto que geramos** em nosso ambiente pessoal, social e profissional. Algumas das dimensões fundamentais da vida influenciadas por nossas habilidades são as descritas a seguir.

- **ESCOLHAS E OPORTUNIDADES.** As habilidades que possuímos definem as escolhas que somos capazes de fazer, funcionando como um "portfólio" que determina as portas que podemos abrir. Por exemplo, uma pessoa com habilidades de comunicação pode aproveitar melhor oportunidades que exijam negociação ou liderança. Já alguém com habilidades técnicas específicas pode ingressar em carreiras que dependam de conhecimentos aprofundados.

- **AUTONOMIA E INDEPENDÊNCIA.** Quanto mais habilidades desenvolvemos, mais independentes nos tornamos, pois isso nos capacita a resolver problemas e agir sem depender constantemente de outras pessoas. Essa autonomia nos permite moldar a vida de acordo com nossas aspirações e superar os obstáculos com mais confiança.

- **ADAPTAÇÃO ÀS MUDANÇAS.** A vida é repleta de imprevistos e transições, e possuir habilidades que favoreçam a avaliação de cenários e a superação de desafios (como pensamento crítico, resolução de problemas e resiliência) nos ajuda a nos adaptar a novos cenários, como uma mudança de carreira ou um evento inesperado.

- **RELACIONAMENTOS E INTERAÇÃO SOCIAL.** Habilidades sociais (por exemplo, empatia, escuta ativa, comunicação e colaboração, entre outras) influenciam a qualidade de nossos relacionamentos e o modo como nos conectamos com outras pessoas, o que favorece a convivência e fortalece nossos laços interpessoais, abrindo caminhos para parcerias, amizades e redes de apoio que moldam profundamente nossa jornada.

- **IDENTIDADE E PROPÓSITO.** As habilidades que desenvolvemos também moldam a forma como nos enxergamos e como definimos nosso propósito de vida. Pessoas que se destacam em habilidades artísticas, por exemplo, podem sentir que sua identidade está ligada à criatividade e à expressão. Já pessoas com habilidades de cuidado, como enfermeiros ou professores, podem construir seu propósito em torno de ajudar os outros.

- **ESTABILIDADE E PROSPERIDADE.** No âmbito profissional, as habilidades são o principal fator que determina nossa **empregabilidade** e nosso **crescimento na carreira**.

Pessoas que estão em **constante desenvolvimento** e **atualizam suas habilidades** têm mais chances de se manterem **relevantes** em mercados competitivos, de alcançar **estabilidade financeira** e até de **prosperar** em suas áreas.

- **BEM-ESTAR PESSOAL.** Habilidades emocionais, como inteligência emocional, autoconhecimento e gestão do estresse nos ajudam a lidar com os desafios internos e externos da vida. Elas promovem **equilíbrio**, **saúde mental** e uma sensação de **realização**, elementos fundamentais para uma vida satisfatória.

- **TRANSFORMAÇÃO E CONTRIBUIÇÃO SOCIAL.** As habilidades que adquirimos ao longo da vida também nos permitem **impactar o mundo ao nosso redor**, seja inovando em uma área, ensinando outras pessoas ou criando soluções para problemas sociais.

Portanto, nossas habilidades exercem um papel fundamental em todas as dimensões da nossa existência, desde a **realização individual** e a **convivência social** até o **desempenho profissional** e a contribuição para o **progresso da sociedade** como um todo.

O grande **desafio** que todos nós enfrentamos para construir nossas vidas **é saber escolher as habilidades que devemos desenvolver** para configurar o **melhor conjunto** possível, a fim de que possamos, da forma mais leve e eficiente que conseguirmos, **viver**. Como a vida acontece por meio de **vários contextos distintos** – pessoal, profissional, social – que **se transformam ao longo do tempo**, esse desafio envolve também a **reconfiguração do nosso conjunto de habilidades** conforme nos desenvolvemos, adequando as nossas ferramentas para as novas necessidades que surgem.

Focando mais especificamente o **contexto profissional**, a necessidade de reconfiguração de habilidades tem se tornado **urgente** em função das transformações impostas pela aceleração tecnológica no ambiente de trabalho. O desafio aqui é entender quais são essas transformações e o modo como tendem a evoluir, a fim de que possamos determinar as habilidades necessárias nesse cenário que emerge para, então, conseguirmos desenvolvê-las.

Compreendendo a revolução tecnológica atual

O fenômeno de desorientação social é característico de todos os momentos de significativas **turbulências tecnológicas**. Portanto, vem se repetindo ao longo das revoluções tecnológicas da nossa História. Mas, no contexto atual, ele se **intensifica** e torna-se mais **desafiador**, em razão de um ingrediente adicional: a **aceleração da mudança** causada por um **ecossistema tecnológico** cada vez mais **poderoso**.

Enquanto nas revoluções tecnológicas passadas o **ritmo** de mudança era de séculos e décadas, na atual esse ritmo pode ser de **meses ou dias**. Antes, tínhamos apenas **uma ou duas tecnologias** por vez criando ondas de transformação (Primeira Revolução, máquina a vapor; Segunda Revolução, motor a combustão e eletricidade; Terceira Revolução, computador e, posteriormente, internet). Agora, temos **várias tecnologias reestruturantes** que atuam **simultaneamente** (IA, internet das coisas [IoT], 5G/6G, big data, *blockchain*, robótica, nanotecnologia, impressão 3D, computação quântica, etc.), **alavancando-se mutuamente** e desencadeando um **tsunami** de mudanças.

Considerando, ainda, todo o período de evolução da humanidade antes das revoluções tecnológicas modernas, constatamos que passamos **99,88%** desse tempo (milhares de anos) em um **ritmo de transformações tecnológicas tão lento** que as mudanças no mundo eram praticamente inexistentes e imperceptíveis ao longo da vida de uma pessoa. Consequentemente, isso nos **configurou biologicamente** para nos adaptarmos nesse padrão extremamente **lento**. A partir das revoluções industriais dos últimos séculos, o ritmo de mudança tecnológica passou a acelerar, tornando-se **vertiginoso** nas últimas décadas (apenas no último **0,005%** do nosso tempo de evolução; ver figura 1.1). Assim, a rapidez das transformações tecnológicas, particularmente desde o início do século XXI, tem acentuado drasticamente a **desorientação cognitiva.**

Figura 1.1 Comparativo entre a duração das eras de mudanças nas formas de viver da humanidade ao longo da nossa evolução.

Esse fenômeno, que já era desafiador, tornou-se ainda mais **crítico** a partir da **aceleração da digitalização** do mundo causada pelo isolamento imposto pela **pandemia** de 2020, que resultou no estabelecimento de uma **infraestrutura digital** global mais ampla e robusta, que vem favorecendo, ainda mais rapidamente, a disseminação e a evolução das transformações tecnológicas.

IMPACTOS NO MERCADO DE TRABALHO

Ao longo das nossas carreiras e de nosso desenvolvimento profissional, todos nós enfrentamos **desafios e medos saudáveis**, que podem ser usados como excelentes **indicadores**

para o nosso aprimoramento. No entanto, quando ocorrem profundas transformações no mundo que reconfiguram as estruturas do trabalho (como as revoluções tecnológicas), os **medos e desafios se ampliam e se generalizam**, indicando que **todo o mercado precisa se aprimorar** e evoluir.

Prestando atenção às perguntas mais frequentes no cenário profissional e educacional da atualidade, podemos destacar a predominância da preocupação com o futuro: "Quais são as habilidades humanas necessárias no século XXI?", "O que precisamos saber e fazer hoje para termos sucesso amanhã?", "Seremos substituídos por robôs e inteligência artificial?", "Qual o papel dos humanos no futuro do trabalho?", e assim por diante. Essas perguntas demonstram uma das principais dores existenciais da humanidade na Era Digital: **como lidar com a rápida** (e acelerada) **obsolescência do conhecimento e de habilidades para se manter** relevante no mundo do trabalho.

É curioso notar que **essa inquietação geral sobre o prazo de validade da formação e da educação é inédita na trajetória da humanidade** – até recentemente, nos sentíamos tranquilos e seguros, porque sabíamos a resposta para "dominar" o futuro e construir a carreira e a vida: bastava fazer os cursos mais adequados para os nossos objetivos profissionais e pronto, estávamos capacitados. **Era possível planejar uma formação** que durava o suficiente para nos garantirmos até a aposentadoria. Isso funcionava muito bem enquanto a velocidade de mudança no mundo era menor do que o ciclo de vida humano, ou seja, até o final do século XX, quando o mundo demorava décadas para mudar e impactar os conhecimentos e comportamentos profissionais necessários para atuarmos durante toda a nossa carreira futura.

No entanto, a partir de então, dois fenômenos principais passaram a colocar em crise o funcionamento dessa lógica: o **aumento da longevidade humana** (*lifespan*) e a **aceleração tecnológica**. Com o aumento da duração do ciclo de vida humano, não estamos mais nos aposentando no mesmo ritmo de antes. Temos permanecido no mercado de trabalho por mais tempo e precisamos nos manter relevantes e atualizados por mais décadas. Some-se a isso que, com a aceleração no ritmo de mudança causada pelo crescimento exponencial da tecnologia, a **informação** no mundo aumenta drasticamente e muda constantemente, fazendo com que o nosso **conhecimento se torne obsoleto** mais rapidamente, requerendo que **aprendamos o novo** a todo momento, adquirindo novas capacitações necessárias.

Observe, na figura 1.2, o ritmo de **obsolescência do conhecimento** que já acontecia no final do século XX, com a meia-vida[4] de alguns tipos de conhecimento na época durando menos de uma década (por exemplo, a expertise mais técnica, impactada em maior grau pela transformação tecnológica).

---

4   O conceito de meia-vida se refere ao tempo em que determinado conhecimento permanece relevante ou útil antes de se tornar obsoleto ou precisar de atualização.

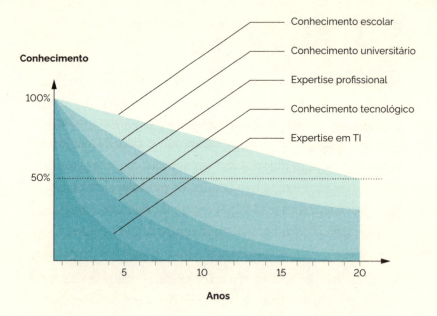

Figura 1.2 Gráfico representando a meia-vida do conhecimento em várias áreas, no final do século XX.

Fonte: adaptado de SCHÜPPEL, Jürgen. **Wissensmanagement**: Organisatorisches Lernen im Spannungsfeld von Wissensund Lernbarrieren. Wiesbaden: Dt. Universitäts-Verl., 1996.

De lá para cá, essa situação tem se intensificado significativamente, justificando a inquietação geral cada vez maior sobre formação, educação e desenvolvimento de habilidades profissionais e humanas para o futuro. Até mesmo a **vida útil de segredos e assuntos confidenciais** está encolhendo[5] em função dos avanços tecnológicos: no passado, um segredo governamental durava mais de 25 anos; agora, em função de *hackings* e vazamentos informacionais, esse tempo tem diminuído consideravelmente.

---

5   SWIRE, Peter. The Declining Half-Life of Secrets. **Just Security**, jul. 2015. Disponível em: https://www.justsecurity.org/24823/half-life-secrets/. Acesso em: 7 mar. 2025.

A reconfiguração tecnológica do trabalho

Pessoas, **processos** e **tecnologias** são, e sempre foram, o tripé estratégico que vem estruturando o trabalho ao longo da nossa evolução (figura 1.3). Por exemplo, na Pré-História, o trabalho de caça exigia habilidades de **pessoas** para planejar a emboscada, coordenar papéis entre os membros do grupo e comunicar (mesmo que de maneira primitiva) a ação, além de resiliência para se adaptarem a imprevistos. Os **processos** incluíam planejamento estratégico, execução da emboscada, divisão dos recursos e armazenamento. Já as **tecnologias** seriam lanças de pedra e madeira, armadilhas naturais e o uso do fogo. Na Era Agrícola, o trabalho de plantio e colheita de grãos requeria dos agricultores (**pessoas**) habilidades de saber escolher terrenos férteis e prever demandas, de colaboração para dividir tarefas e de resiliência para lidar com imprevistos como variações climáticas. Os **processos** envolviam preparação do solo com arados, plantio manual, monitoramento das plantações e colheita organizada, com armazenamento em silos. **Tecnologias** como ferramentas agrícolas rudimentares, sistemas de irrigação e recipientes de armazenamento possibilitavam o trabalho.

Figura 1.3 Representação do tripé "tecnologia, pessoas e processos" como base de estruturação do trabalho. (Imagem desenvolvida com auxílio de IA.)

Portanto, **pessoas, processos e tecnologia** são interdependentes no sistema produtivo e interagem **dinamicamente** entre si para **estruturar** o **trabalho**. Nesse sentido, qualquer mudança em algum desses elementos impacta os demais, transformando a **natureza** do trabalho, tanto em termos de **recursos** quanto de **velocidade** e **localização** necessários para a sua realização.

Por exemplo, quando a energia elétrica se consolidou nas sociedades no início do século XX, o trabalho de **tocar sinos** nas igrejas foi totalmente transformado porque a tecnologia passou a permitir que o sino fosse tocado a distância, ao toque de um botão, não requerendo mais que uma pessoa subisse até o alto da torre para movimentá-lo. Assim, a **tecnologia** da eletricidade reestruturou os **processos** do trabalho de tocar sinos, deslocando a sua execução para o nível térreo (localização) e tornando-o mais rápido (velocidade) e eficiente (recursos), na medida em que passou a ser requerido menos esforço humano para executá-lo. Além disso, a mudança de processo demandou novas habilidades (**pessoas**) para executar a tarefa de tocar os sinos (operar a tecnologia, apertando um botão), e a habilidade de subir vários lances íngremes de escadas para chegar ao alto da torre deixou de ser necessária.

Observe-se que, a partir do momento que a tecnologia transforma a **estrutura de uma tarefa do trabalho** – por exemplo, tocar sinos –, ocorre a necessidade de **reestruturação imediata nas habilidades necessárias** para executá-la (no exemplo, a habilidade de tocar sinos foi completamente reestruturada). No entanto, a **função** de tocar sinos continuou a existir por **muito tempo**, apenas realizada de outra forma, até que uma nova onda tecnológica transformasse novamente os processos, automatizando-o totalmente e eliminando a **profissão** de sineiro.

Assim, verifica-se que a **revolução tecnológica no trabalho começa pela transformação das tarefas**, que, por sua vez, gradativamente se propaga para os níveis das **funções** e **profissões**. Por isso, uma nova tecnologia no ambiente de trabalho impacta de maneiras distintas os níveis de **organização do trabalho**. Vejamos.

TAREFAS, FUNÇÕES E PROFISSÕES

O trabalho se organiza por meio da relação entre **tarefas**, **funções** e **profissões** de forma **hierárquica** e **interdependente**. As **tarefas** são as **menores unidades de trabalho**, consistindo em atividades específicas realizadas para atingir um objetivo, como "analisar dados" ou "atender a um cliente". Essas tarefas, quando agrupadas, formam as **funções**, que representam **papéis ou responsabilidades** dentro de um contexto organizacional, como "analista de marketing" ou "supervisor de produção". Já as **profissões** englobam um conjunto mais amplo de funções e tarefas relacionadas a **áreas de conhecimento e competências específicas**, como "engenheiro", "professor" ou "advogado".

Esses elementos estão conectados de maneira **que tarefas compõem funções**, e **funções formam o escopo de uma profissão** (figura 1.4). Enquanto as **tarefas** têm caráter **operacional** e prático, as **funções** apresentam um objetivo mais definido e organizam as **responsabilidades**, enquanto as **profissões** oferecem uma **identidade mais ampla**, geralmente associada a formação, experiência e regulamentações. Por exemplo, a **profissão** de médico inclui **funções** como atendimento clínico e gestão de pacientes, que por sua vez englobam **tarefas** como realizar exames, prescrever medicamentos e interpretar resultados.

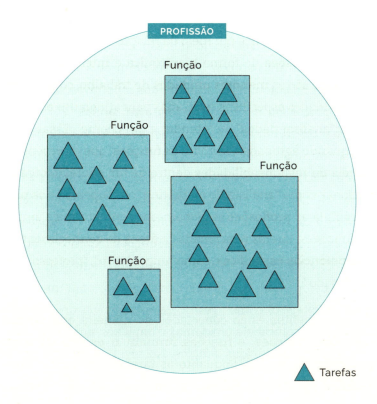

Figura 1.4 Representação da organização da realização do trabalho em níveis.

Considerando os níveis de organização do trabalho, a **tecnologia** normalmente **impacta diretamente o nível das tarefas** – não o das funções ou o das profissões. A reestruturação causada (processos e pessoas) nesse nível é que passa a impactar subsequentemente as funções e as profissões. Assim, o **impacto nas tarefas é imediato**; no entanto, as transformações **nas funções e nas profissões vão acontecendo ao longo do tempo,** de acordo com a velocidade e a profundidade com que as tecnologias reestruturam cada tarefa que as compõem.

Com isso, cada nova **tecnologia** no mercado impacta **tarefas**, **funções** e **profissões** de formas **distintas**, mas **interconectadas**, alterando desde atividades específicas até a essência de ocupações mais amplas. No nível de **tarefas**, os impactos podem ser de **automação de atividades repetitivas**,[6] **redefinição de processos**[7] e até **criação de novas tarefas**.[8] Por exemplo, no setor administrativo, a implementação de sistemas de gestão automatizados pode substituir a tarefa de "organizar documentos manualmente" por "configurar e monitorar o sistema". No nível de **funções**, os impactos podem ser de **transformação de responsabilidades**,[9] **hibridização de funções**[10] ou **desaparecimento ou criação de funções**.[11] Como exemplo, podemos citar o setor de atendimento ao cliente, em que a função de operador de *call center* pode evoluir para um papel mais estratégico, como "gestor de experiência do cliente", focado na resolução de problemas complexos, enquanto *chatbots* lidam com dúvidas simples. No nível de profissões, os

---

6 Tecnologias como inteligência artificial (IA) e robôs automatizam tarefas simples e repetitivas, como inserir dados, atender chamadas ou processar pedidos.

7 Algumas tarefas se tornam mais eficientes ou são completamente alteradas com a introdução de novas ferramentas, como *softwares* que agilizam análises complexas ou otimizam fluxos de trabalho.

8 Novas tecnologias frequentemente introduzem novas atividades, como "configurar um sistema de IA", "monitorar dados em tempo real" ou "atualizar uma ferramenta digital".

9 A introdução de tecnologias altera o conjunto de tarefas que compõem uma função. Por exemplo, um analista de marketing pode passar de "criar relatórios manuais" para "analisar *insights* gerados por IA".

10 Algumas funções começam a integrar novas áreas de competência, como um contador que agora precisa entender sistemas de automação financeira ou um professor que usa ferramentas digitais de ensino.

11 Tecnologias disruptivas podem tornar algumas funções obsoletas enquanto criam outras, como especialista em cibersegurança ou gerente de transformação digital.

impactos podem causar **evolução de competências,**[12] **redefinição de áreas de atuação**[13] e **extinção e criação de profissões**.[14] Por exemplo, no jornalismo, o uso de tecnologias de IA não apenas automatiza a criação de textos simples como também muda o foco da profissão para análise, curadoria e investigação mais profunda.

Assim, quando uma tecnologia altera uma **tarefa**, ela pode gradualmente transformar uma **função** inteira e, eventualmente, impactar a **profissão** como um todo. Mais um exemplo: a automação de tarefas de análise de dados (nível de tarefa) transforma a função de um analista (nível de função), exigindo novas competências, o que pode, a longo prazo, redefinir a profissão de analista de negócios. Portanto, o impacto da introdução de novas tecnologias na organização do trabalho é progressivo: começa alterando tarefas específicas, evolui para transformar funções e, eventualmente, redefine ou cria profissões.

Nesse sentido, **conforme a tecnologia evolui**, o desafio de **se adaptar** para o **futuro do trabalho** não está nas profissões do futuro, mas nas **tarefas das profissões do presente**. Em outras palavras, a questão das habilidades para o futuro não é sobre novas profissões, é sobre **novos profissionais**. Portanto,

---

12 Profissões precisam se adaptar às mudanças tecnológicas, exigindo que os profissionais adquiram novas habilidades, como programação, análise de dados ou uso de ferramentas digitais específicas.

13 Tecnologias criam campos dentro de profissões já existentes, como o surgimento da medicina digital, da engenharia de robótica ou do direito tecnológico.

14 Com avanços tecnológicos significativos, profissões tradicionais podem desaparecer (por exemplo, operadores de máquinas mecânicas), enquanto novas surgem, como cientista de dados ou engenheiro de IA.

a principal **ameaça** que enfrentamos na nossa jornada evolutiva para o futuro do trabalho e o trabalho do futuro **não é a tecnologia**, mas a falta de **adaptabilidade às tarefas que vão sendo reestruturadas** por ela.

Evolução do sistema produtivo

Os impactos de uma **nova tecnologia** – tanto no tripé estrutural do trabalho quanto nos seus níveis de organização – passam a transformar o mercado de trabalho de três maneiras principais:

- **eliminação** de funções, modelos de negócios e empresas que deixam de ser necessários;

- **criação** de novas funções, novos modelos de negócios e novas empresas que articulam as novas tecnologias, otimizando valor;

- **transformações sociais** resultantes dos dois itens anteriores.

Disso decorre que toda e qualquer **alteração tecnológica** no ambiente de trabalho tende a **desequilibrar** o sistema produtivo anterior, **demandando** a **sua reconfiguração** para que o sistema possa **evoluir**.

Por exemplo, para o **sistema produtivo de plantio** poder evoluir na Era Agrícola, quando surgiu a pá, passamos a não mais precisar da habilidade de cavar com as mãos, mas tivemos que desenvolver a habilidade para utilizar a ferramenta. Para o **sistema produtivo de mobilidade** evoluir, quando surgiu a roda, passamos a não mais precisar da habilidade de andar e correr para vencer longas distâncias, mas aprendemos a "pilotar" rodas, como em charretes, bicicletas e carros. Para evoluir ainda mais, quando surgiu o avião, aprendemos habilidades para pilotar e, mesmo não tendo asas, começamos a "voar".

PROTAGONISMO E HABILIDADES

Portanto, qualquer mudança tecnológica no ambiente de trabalho transforma processos e demanda das pessoas o desenvolvimento de habilidades profissionais para desempenhar efetivamente as funções necessárias na **nova configuração tecnológica** que emerge. Em outras palavras, **mudanças** na **tecnologia** demandam **adaptação** de **habilidades** profissionais tanto para lidar com a tecnologia que mudou quanto para lidar com as transformações que a tecnologia causa.

Assim, a **evolução tecnológica** requer que as **pessoas** assumam o seu papel de **protagonistas** no processo produtivo, por meio da **transformação das suas habilidades**, de modo a liderar a evolução do trabalho, avaliando as **novas necessidades que se apresentam** e **reconfigurando-se** para atendê-las.[15]

Nesse sentido, conforme a tecnologia muda, o ser humano também precisa mudar e, nesse processo de mudança, ele

---

15 Quando isso não acontece, ocorre o fenômeno de apagão de talentos, causando um desequilíbrio perigoso de quantidade e qualidade entre empregos e profissionais disponíveis. Por um lado, passam a sobrar empregos que requerem profissionais qualificados para preencher funções; por outro, passam a sobrar profissionais desqualificados para as demandas do novo contexto.

acaba criando tecnologias que, por sua vez, mudam novamente e provocam um novo **ciclo de mudança**. Esse sistema simbiótico humano-tecnológico funciona como o **motor da nossa evolução**.

Dessa forma, o **ser humano** e a **tecnologia**, desde as nossas origens, têm formado um **sistema simbiótico produtivo**, em um processo de transformação mútua evolutiva. É por meio desse sistema que criamos e vencemos todas as transformações tecnológicas anteriores. Somos, portanto, uma **tecno-espécie**, que evolui continuamente em simbiose com a tecnologia. Vejamos como isso acontece.

Evolução do sistema produtivo humano-tecnológico

Avaliando as revoluções industriais anteriores, constata-se que as tecnologias de então afetaram significativamente os humanos no que se refere ao trabalho braçal, ou seja, impactaram as suas habilidades na dimensão **mecânica**, com as máquinas passando a realizar funções que eram anteriormente exercidas exclusivamente por **músculos** – humanos ou de animais, como cavalos. Isso causou uma reestruturação no **sistema produtivo mecânico** de então que nos ensinou uma valiosa lição: quando locomotivas e carros surgiram (tecnologias do novo modelo), a compra de dez excelentes cavalos (tecnologias do modelo anterior) para tentar competir no mercado era não apenas ineficiente como também contraproducente.

Portanto, em um novo paradigma produtivo que se estabelece, o **aumento na quantidade de recursos** valiosos do paradigma anterior não causa mais um retorno positivo no trabalho. A História mostrou que quem não se desapegou dos cavalos (paradigma antigo) nem se adaptou ao novo modelo de produção vigente foi **eliminado** do sistema produtivo.

Pensando, agora, na revolução tecnológica atual, as **tecnologias digitais** têm causado uma **transformação profunda** no **trabalho cognitivo** da mesma forma que as tecnologias mecânicas das revoluções anteriores causaram no trabalho mecânico. Até recentemente, e ao longo de toda a História, o **cérebro humano** foi o motor cognitivo de **todos os sistemas produtivos**: ele, e apenas ele, conseguia pensar, determinar e comandar o trabalho (e, consequentemente, a produção). No entanto, agora vivemos um **ponto de inflexão** nesse processo, com as tecnologias digitais, como a IA, passando gradativamente a **desempenhar funções nos processos produtivos que pertenciam única e exclusivamente ao cérebro humano**.

Assim, podemos dizer que **as locomotivas e os carros cognitivos** da nossa época são as **tecnologias computacionais inteligentes** que passaram a gerar e processar volumes gigantescos de informação (IA, big data, etc.) em altíssima velocidade, evoluindo rápida e constantemente. O **cavalo** de hoje é o nosso **cérebro biológico**, que evolui lentamente. Nesse contexto, como aprendemos anteriormente, não conseguiremos melhorar o nosso resultado de atuação tentando aumentar e acelerar a quantidade de conhecimento e utilizando muito mais das habilidades adquiridas no passado. Atingimos o **ponto de retorno decrescente** desse tipo de estratégia: estudamos cada vez mais,[16] mas estamos cada vez menos aptos para atuar no contexto atual. Esse ritmo tem nos conduzido a um **colapso cognitivo biológico** – o tempo de validade, a eficiência e a produtividade do que sabemos são cada vez menores (vide a obsolescência do conhecimento), enquanto o **esforço e a velocidade necessários** para a aprendizagem são cada vez maiores.

Um estudo[17] realizado por um professor de Harvard torna evidente o impacto das tecnologias cognitivas no sistema produtivo, transformando a forma de atuação do cérebro humano. Para avaliar como a inteligência artificial afetava a performance dos seus alunos, ele conduziu um experimento pedindo para que todos eles resolvessem o mesmo problema, usando a mesma tecnologia – no caso, o ChatGPT. Avaliando os resultados,[18] ele verificou que os piores alunos conseguiram aumentar sua performance em 43% com a utilização da ferramenta de IA generativa, enquanto os melhores alunos melhoraram em 17%. Esse experimento traz inúmeras constatações de reconfiguração do modelo de trabalho:

---

16   RITCHIE, Hannah. Global Education. **OurWorldinData.org**, 2023. Disponível em: https://ourworldindata.org/global-education. Acesso em: 7 mar. 2025.

17   DELL'ACQUA, Fabrizio *et al.* Navigating the Jagged Technological Frontier: Field Experimental Evidence of the Effects of AI on Knowledge Worker Productivity and Quality. **Harvard Business School Technology & Operations Mgt. Unit Working Paper**, n. 24-013, set. 2023. Disponível em: https://papers.ssrn.com/sol3/papers.cfm?abstract_id=4573321. Acesso em: 7 mar. 2025.

18   Mollick, Ethan. Everyone is above average. **One Useful Thing**, set. 2023. Disponível em: https://www.oneusefulthing.org/p/everyone-is-above-average. Acesso em: 7 mar. 2025.

- com o uso da **tecnologia**, os estudantes **todos ficaram acima da média**; portanto, como conjunto, houve uma melhora da performance de equipe, que **evoluiu para um patamar mais alto**;

- os **melhores estudantes**, por mais que adquiram mais conhecimento e aumentem os seus esforços para melhorar a performance, **perderão vantagem competitiva** no mercado se não usarem a tecnologia;

- mesmo que a tecnologia contribua menos para o nosso desempenho intelectual naquilo que já somos bons, ela consegue **aumentar muito a nossa performance naquilo em que somos piores**. Com isso, conseguimos nos tornar profissionais **mais preparados, qualificados, amplos**, evoluindo para patamares que não conseguiríamos sem a tecnologia.

Além desse grande **impacto transformador** nas funções cognitivas que as tecnologias digitais impõem ao sistema produtivo atual, a **velocidade** de transformação tecnológica é enorme, extremamente maior do que em qualquer era tecnológica anterior. Isso também traz consequências significativas na estruturação do trabalho para o futuro, pois essa aceleração tende a desestabilizar constantemente o sistema produtivo. Com isso, a demanda por **ajustes** nas habilidades das pessoas para atuar na estrutura do trabalho passa a ser contínua e rápida, requerendo não apenas que desenvolvam novas habilidades mas também (e principalmente) que o façam com **agilidade**.

DNA do trabalho na revolução atual

Em função do que discutimos até o momento, podemos dizer que, devido à **aceleração tecnológica** da mudança, passamos a precisar desenvolver com **agilidade** um novo conjunto de **habilidades** para garantir que a **simbiose humano-tecnológica** evolua com as tecnologias digitais, **mantendo a nossa relevância** nessa relação.

Nesse contexto, todo **processo** que puder ser automatizado será, e as habilidades humanas que passarão a ter valor serão aquelas que não conseguirem ser realizadas por máquinas, ou seja, habilidades que são genuinamente humanas. Vamos falar mais sobre isso nos capítulos 2 e 3.

IDENTIFICANDO AS HABILIDADES PARA O FUTURO

Os desafios para o futuro do trabalho demandam estratégias adequadas para serem superados; cada estratégia, por sua vez, requer habilidades para ser desenvolvida e articulada.

"

Por que ler este capítulo.
Assista:

Considerando o contexto analisado no capítulo anterior, vimos que o ambiente de trabalho é reestruturado e marcado, cada vez mais, pela presença significativa de **tecnologias poderosas** – mecânicas e cognitivas –, que evoluem em velocidade cada vez maior. Isso causa uma **aceleração da mudança**, com consequente aumento contínuo, em ritmo intenso, de **complexidade** e **incerteza**, as quais, por sua vez, contribuem para **intensificar** o fenômeno de **desorientação cognitiva** característico desses momentos de profundas transformações.

Vimos também que **adaptar habilidades** para conseguir acompanhar esse turbilhão de **transformações** é, indubitavelmente, o **maior desafio profissional** da atualidade.[1]

---

[1] É importante observar que esse descompasso de ritmo tende a afetar não apenas o trabalho, mas todas as dimensões das nossas vidas, contribuindo, inclusive, para o aumento dos problemas de saúde mental, que se tornou um dos temas mais relevantes da atualidade. Cf. KOVACEVIC, Rialda; GARCIA, Jaime Nicolas Bayona; GORDILLO-TOBAR, Amparo. With Mental Health Conditions on the Rise, Countries Must Prioritize Investments. **World Bank Blogs**, 10 out. 2023. Disponível em: https://blogs.worldbank.org/en/health/mental-health-conditions-rise-countries-must-prioritize-investments. Acesso em: 10 mar. 2025; MACMILLAN, Amanda. 4 Possible Reasons Why Mental Health Is Getting Worse. **Health.com**, 21 ago. 2023. Disponível em: https://www.health.com/condition/depression/8-million-americans-psychological-distress. Acesso em: 10 mar. 2025.

Portanto, até aqui discutimos as transformações na evolução do trabalho e os desafios que elas nos impõem. Agora, vamos **identificar as habilidades** que precisamos desenvolver para vencer esses desafios.

Neste capítulo, você vai ter contato com conceitos e definições que talvez já tenha visto anteriormente. Eles estão aqui para construirmos o percurso de compreender e identificar as habilidades para o futuro. Se você já conhece esses conceitos, veja como eles se articulam com nosso assunto. Caso ainda não conheça, embarque na linha de raciocínio que vamos desenvolver nas próximas páginas.

Conhecendo (ou relembrando) os pilares da nossa atuação profissional

Antes de começarmos a identificar as habilidades, é importante conceituar o que são e o seu papel no **desempenho profissional**, que requer mais do que habilidades para ser eficiente. Nesse contexto, precisamos compreender a relação entre conhecimento, habilidade e atitude, frequentemente descritos como os **pilares do desenvolvimento humano** nos contextos da educação e dos recursos humanos. Esses três elementos, conhecidos como **CHA**, manifestam-se na forma de **pensar, sentir e agir** de uma pessoa e constituem a **base** para o **desempenho** individual e organizacional.

O **conhecimento** é o **repertório pessoal** de cada profissional, adquirido por meio de sua formação, cursos, leituras, palestras e outros meios. A **habilidade** é o que **transforma o conhecimento em ações** para alcançar um objetivo. E a **atitude** se refere aos **comportamentos, valores, crenças e disposições** que determinam o modo como um indivíduo reage e interage.

Cada um dos pilares do CHA é importante e está diretamente relacionado com os outros:

- as **habilidades** dependem do **conhecimento** para ser **desenvolvidas** (por exemplo, para ser capaz de operar um *software* é necessário, antes, saber como ele funciona);

- o **conhecimento** depende das **habilidades** para ser **aplicado** (por exemplo, saber como funciona um *software* não significa ser capaz de operá-lo com destreza; é necessário desenvolver habilidades para isso);

- o **uso efetivo** das **habilidades** requer **atitudes** adequadas (por exemplo, um profissional com habilidades de comunicação só será eficaz se tiver a atitude certa, como empatia e disposição para ouvir);

- as **atitudes** podem **direcionar** a busca por mais **conhecimento** e **habilidades** (por exemplo, um indivíduo com atitude de curiosidade e vontade de aprender buscará constantemente melhorar suas competências).

Existe, assim, uma **relação dinâmica** entre habilidade, conhecimento e atitude e que os interliga intimamente, de modo a se complementarem para alicerçar a **competência**[2] profissional. Portanto, para **desenvolver qualquer habilidade**, é necessário **adquirir conhecimento** e **cultivar atitudes** que permitam desempenhá-la efetivamente.

Mapeando habilidades estratégicas para vencer os desafios

O desenvolvimento de **habilidades profissionais** está diretamente associado às **necessidades** dos **indivíduos** e do **mercado**. As **necessidades** representam **demandas objetivas e práticas** que exigem a **aquisição de habilidades** específicas para resolver **desafios profissionais** ou atender às **exigências do mercado**. A relação dinâmica entre esses dois tipos de demanda impulsiona o aprendizado de habilidades durante o nosso desenvolvimento profissional.

No entanto, independentemente das necessidades individuais específicas que se possam ter, um **profissional** que deseje **evoluir** em qualquer carreira precisa **atender às necessidades impostas pelas transformações do mercado**. No contexto atual, essas necessidades envolvem também as demandas para vencer os desafios da desorientação cognitiva, da aceleração da mudança e da rápida evolução tecnológica.

---

2   Enquanto a **habilidade** é algo que você **sabe fazer** (foco na execução técnica), a **competência** é algo que você **faz bem, de forma integrada e no contexto certo**, combinando habilidades, conhecimento e atitudes.

Tais desafios exigem estratégias específicas para ser superados:

- a desorientação cognitiva requer estratégias de **antecipação e foco**;

- a aceleração da mudança demanda estratégias de **inovação** ágil;

- a rápida evolução tecnológica exige estratégias de **transformação digital**.

E o desenvolvimento de cada uma dessas estratégias requer um conjunto específico de habilidades:

- antecipação e foco demandam habilidades para **enxergar caminhos futuros** e navegar a multidimensionalidade da **complexidade e das incertezas** crescentes, para se poder enxergar e criar soluções presentes;

- inovação ágil demanda habilidades que permitam encontrar rapidamente **novas soluções** para **problemas inéditos** criados pela aceleração da mudança e para torná-la aliada da transformação positiva, gerando novas oportunidades;

- transformação digital demanda habilidades para **utilizar** a evolução da **tecnologia** para **potencializar e escalar esforços**, tornando-a um instrumento de melhoria da vida humana e mitigação de ameaças.

Resumindo, os **desafios** para o futuro do trabalho demandam **estratégias** adequadas para serem superados; cada estratégia, por sua vez, requer **habilidades** para ser desenvolvida e articulada.

Então, vamos conhecer melhor essas habilidades, analisando as estratégias.

ESTRATÉGIAS DE ANTECIPAÇÃO E FOCO

Em um cenário que **muda e continuará a mudar constantemente**, o futuro passou a ser cada vez mais **incerto e imprevisível**, dificultando a **antecipação** de possibilidades e o ajuste de foco para conseguir enxergar e agir em cada passo do caminho.

No entanto, mesmo que antever o que acontecerá permaneça fora de alcance, existem estratégias com **métodos e tecnologias** que permitem **prever cenários futuros**, a fim de considerar situações possíveis, prováveis, plausíveis, preferíveis, indesejadas, etc. Com isso, conseguimos, por exemplo, avaliar o ponto em que o mercado tende a estar daqui a dez anos, bem como as profissões e a tecnologia, com o objetivo de ampliar as nossas chances de **apontar** para a **direção correta** e **alcançá-la** no futuro.

Essas estratégias direcionadas à determinação de cenários futuros são conhecidas como **futurismo**[3] e requerem habilidades que combinam aspectos analíticos, criativos e colaborativos para permitir o desenvolvimento de estratégias robustas que não apenas antecipem como também moldem os futuros desejados. Isso oferece um processo de limpeza e ajuste de foco das lentes que usamos para enxergar direções

---

3   Futurismo também é conhecido como estudos de futuros, *futures studies* ou *foresight*.

futuras, combatendo a **desorientação cognitiva** causada pelo aumento da incerteza.

Em futurismo, **habilidades estruturantes** incluem **pensamento crítico**, para avaliar suposições e identificar vieses; **pensamento sistêmico**, para compreender as interconexões entre sistemas complexos; **criatividade e inovação**, essenciais para imaginar futuros disruptivos; e **comunicação e storytelling**, para traduzir *insights* em narrativas inspiradoras. Além delas, são necessárias **habilidades específicas da área**, que envolvem **identificação de tendências e sinais emergentes**, para antecipar mudanças; **exploração e construção de cenários**, considerando múltiplos futuros possíveis; **alfabetização tecnológica**, para entender o impacto de inovações; e **design estratégico**, para transformar previsões em ações práticas. Todas essas habilidades combinadas – estruturantes e específicas – configuram a habilidade de **letramento em futuros**.

Assim, **letramento em futuros** é a habilidade que nos torna capazes de interpretar o mundo em constante transformação, pois oferece a capacidade de compreender, explorar e se engajar criticamente com ideias sobre o futuro, combinando pensamento prospectivo e habilidades práticas para lidar com incertezas e mudanças, possibilitando que participemos ativamente da construção de futuros melhores.

Por isso, **letramento em futuros** passa a ser uma habilidade crucial para qualquer profissional hoje. Ele nos permite **antecipar cenários complexos acelerados e incertos**, em contraste com a nossa **habilidade natural biológica** de resolver problemas por meio de **reagir repetindo o passado** (que tem sido usada pela humanidade até aqui, embora só funcione em ambientes previsíveis e com pouca mudança, como os anteriores à Era Digital).

Além de combater a desorientação cognitiva, o letramento em futuros contribui para **eliminar uma das maiores ameaças estratégicas** dos nossos tempos – o **"curtoprazismo"**, ou, em outras palavras, a tentativa de resolver problemas de longo prazo com mentalidade de curto prazo. A nossa evolução e a educação anterior nos configuraram para **reagir** em vez de **antecipar**; para **repetir** em vez de **criar**; para **aceitar** em vez de **questionar**; e, assim, nos acostumamos a planejar o futuro por meio de reações repetindo o passado, aceitando as informações existentes. Como isso não funciona mais, o **letramento em futuros** tornou-se o principal **antídoto** contra o "curtoprazismo", configurando-se em uma das habilidades críticas para o futuro.

Foco e discernimento: visão do presente

A habilidade de **antecipar** (enxergar cenários), por mais importante e necessária que seja, **não é suficiente** para avaliarmos caminhos para o futuro. Para tanto, precisamos também de habilidades para enxergar o **presente** e para orquestrar o planejamento de recursos, escolhendo e desenvolvendo as melhores estratégias para alcançar o futuro que desejamos. Assim, se por um lado o **letramento em futuros** desembaça as lentes da nossa visão de futuros, por outro, a habilidade que nos permite **enxergar melhor o presente** e traçar a sua evolução para alcançar o futuro que desejamos é o **pensamento crítico**.

Em sintonia com o letramento em futuros, que nos dá direções e destinos futuros, o **pensamento crítico** se ocupa de **tomar as melhores decisões** a cada momento – do presente ao futuro – para **criar** e **navegar** o caminho para realizá-los. Isso acontece porque o pensamento crítico é o **filtro** que usamos para **enxergar e julgar toda e qualquer informação** que entre em nosso sistema de pensamento, criando a base estrutural que utilizamos para **tomar decisões**. O objetivo do pensamento crítico é única e exclusivamente buscar **enxergar a realidade na sua mais verdadeira essência**, capturando aquilo que é **relevante** para solucionar da melhor forma possível a situação em que nos encontramos, **eliminando distorções, vieses e quaisquer falácias** que se apresentem nesse processo. Por meio disso, o pensamento crítico permite a melhor compreensão de causalidades e a extração de sentido de fatos, informações e acontecimentos, favorecendo a melhor decisão.

Quanto mais complexo e acelerado é o ambiente, maior é a sensação de desorientação, e, consequentemente, mais importante e necessário se torna o pensamento crítico.

ESTRATÉGIAS DE INOVAÇÃO

A inovação desempenha um papel fundamental em ambientes marcados por **rápida mudança e incerteza**, pois atua como um motor essencial para o **desenvolvimento**, a **adaptação** e o **sucesso contínuo** de indivíduos, organizações e sociedades. Portanto, em contextos como o atual, em que as condições podem evoluir de forma imprevisível e novos desafios surgem constantemente, **a inovação não é apenas desejável como também uma necessidade**.

Enquanto o futurismo determina caminhos futuros, a inovação se ocupa de criar as soluções e os ajustes necessários para trilharmos os caminhos escolhidos.[4]

Analisando as **características** fundamentais que fomentam a inovação, temos as explicadas a seguir.

- CULTURA DE EXPERIMENTAÇÃO E TOLERÂNCIA AO ERRO. Ambientes inovadores requerem a experimentação, permitindo que as pessoas tentem novas ideias sem medo de falhar. O erro é visto como uma oportunidade de aprendizado, não como um fracasso. Por exemplo, empresas como Google e 3M reservam parte do tempo de seus colaboradores para que trabalhem em projetos pessoais ou novas ideias.

- COLABORAÇÃO MULTIDISCIPLINAR. A inovação frequentemente surge da interação de pessoas com diferentes habilidades, experiências e perspectivas. Ambientes inovadores se beneficiam de equipes diversas com colaboração dinâmica. Por exemplo, *hackathons* e laboratórios de inovação trazem profissionais de áreas distintas, como tecnologia, design e negócios, para resolver problemas complexos.

- LIDERANÇA TRANSFORMACIONAL. Líderes que fomentam a inovação inspiram e empoderam suas equipes. Eles promovem a autonomia, a visão de longo prazo e um

---

4   Esse tema é explorado no livro *Liderando o futuro: visão, estratégias e habilidades*, que lancei em 2023.

propósito claro para as iniciativas. Por exemplo, Elon Musk incentiva uma visão audaciosa, como a colonização de Marte, para inspirar seus colaboradores a pensarem além dos limites.

- **AMBIENTE FLEXÍVEL E CRIATIVO.** Espaços físicos e digitais projetados para facilitar interações, colaboração, criatividade e produtividade favorecem a inovação. Isso inclui escritórios abertos, zonas de *brainstorming* e ferramentas digitais colaborativas. Por exemplo, *start-ups* frequentemente investem em ambientes de trabalho dinâmicos que incentivam a troca de ideias.

- **APOIO TECNOLÓGICO E FERRAMENTAS AVANÇADAS.** Acesso a tecnologias de ponta e ferramentas digitais para prototipagem, análise de dados e comunicação é fundamental para acelerar o processo de inovação. Por exemplo, o uso de inteligência artificial para modelar cenários e simular resultados em tempo real.

- **FOCO NO CLIENTE E EM PROBLEMAS REAIS.** Ambientes inovadores são orientados pela resolução de problemas reais, com foco na experiência e nas necessidades do cliente. Por exemplo, o *design thinking* é amplamente adotado para entender profundamente as dores dos usuários antes de serem criadas soluções.

- **MENTALIDADE DE APRENDIZADO CONTÍNUO.** Ambientes inovadores reconhecem que a obsolescência do conhecimento é rápida, requerendo a atualização constante dos conhecimentos e o desenvolvimento de novas habilidades.

Habilidades estruturantes (necessárias para fomentar e dar suporte a essas características fundamentais da inovação) incluem **pensamento crítico**,[5] **pensamento sistêmico**,[6] **resolução de problemas**,[7] **criatividade**,[8] **trabalho em equipe** (colaboração),[9] **comunicação**,[10] **curiosidade**,[11] **adaptabilidade e flexibilidade**,[12] **resiliência**,[13] **consciência ética e sustentável**[14] e **visão de longo prazo**.[15]

Como habilidades específicas da área podemos citar **pensamento criativo**,[16] *design thinking*,[17] **prototipagem rápida**,[18] **identificação de tendências e sinais emergentes**

---

5 Para análise de informações e tomada de decisão durante todo o processo de inovação, desde a determinação de objetivos até cada passo do processo.

6 Habilidade de compreender conexões e interdependências em sistemas complexos.

7 Competência para diagnosticar e resolver desafios de forma prática e eficaz.

8 Capacidade de gerar ideias novas e úteis, combinando conhecimentos, experiências e referências de maneira original. Ela permite resolver problemas, inovar e encontrar soluções inesperadas para desafios diversos. Diferentemente da simples imaginação, a criatividade envolve aplicação prática.

9 Capacidade de trabalhar com grupos diversos, valorizando diferentes perspectivas.

10 Habilidade de expressar ideias claramente e facilitar o diálogo entre *stakeholders*.

11 Disposição para aprender e explorar novos conhecimentos, ferramentas e métodos.

12 Capacidade de ajustar-se rapidamente a mudanças e incertezas.

13 Capacidade de superar obstáculos e persistir diante de fracassos.

14 Habilidade de refletir sobre os impactos sociais, culturais e ambientais das inovações.

15 Habilidade de conectar decisões presentes a estratégias de futuro.

16 Capacidade de gerar ideias originais e encontrar novas formas de resolver problemas.

17 Habilidade de solucionar problemas de forma criativa, centrada no ser humano.

18 Habilidade de criar e testar conceitos de maneira ágil e iterativa.

(antecipação),[19] **alfabetização tecnológica**,[20] **gestão da inovação**,[21] *storytelling*,[22] **teste e iteração de soluções**,[23] *networking* **estratégico**[24] e **negociação**,[25] entre outras.

ESTRATÉGIAS DE TRANSFORMAÇÃO DIGITAL

A transformação digital[26] é um processo que envolve a **integração de tecnologia digital em todas as áreas de uma organização**, resultando em mudanças fundamentais na maneira como a organização **opera** e **entrega valor** aos seus públicos. Nesse processo, além de ser uma **resposta à evolução tecnológica**, a transformação digital capacita os indivíduos e as organizações a **liderarem essa evolução**.

Estratégias de transformação digital se caracterizam pelos elementos descritos a seguir.

- **CULTURA DIGITAL E MENTALIDADE DE INOVAÇÃO.** Organizações em transformação digital possuem uma cultura orientada a digitalização de processos, inovação contínua e adaptação rápida. A mentalidade digital permeia todos

---

19 Capacidade de detectar mudanças no mercado, na sociedade ou na tecnologia.
20 Competência para dominar ferramentas digitais e compreender tecnologias emergentes.
21 Capacidade de planejar, estruturar e implementar estratégias de inovação organizacional.
22 Habilidade de comunicar ideias inovadoras de forma inspiradora e persuasiva.
23 Capacidade de validar e refinar ideias por meio de experimentação contínua.
24 Construção de parcerias e conexões que potencializem a inovação.
25 Habilidade de persuadir e engajar *stakeholders* em torno de ideias inovadoras.
26 O uso das tecnologias emergentes e seus impactos são abordados nos livros *Você, eu e os robôs* e *Inteligência artificial: do zero a superpoderes*, que lancei em 2021 e 2024, respectivamente.

os níveis da organização, desde os líderes até os colaboradores. Por exemplo, empresas que adotam uma abordagem *digital-first*, priorizando soluções tecnológicas para atender às necessidades do cliente e melhorar a eficiência interna.

- **FOCO EM DADOS E DECISÕES BASEADAS EM ANÁLISE.** Dados se tornam o principal ativo estratégico na era tecnológica atual e são usados em inteligência artificial e análises avançadas para embasar decisões em tempo real. Como exemplo, temos a análise preditiva para entender o comportamento do consumidor e antecipar demandas do mercado.

- **INTEGRAÇÃO TECNOLÓGICA.** Sistemas, plataformas e ferramentas são conectados e interoperáveis, promovendo eficiência e eliminando silos organizacionais. A infraestrutura digital permite fluxos de trabalho fluidos e automatizados. Por exemplo, Enterprise Resource Planning (ERP) integrado com plataformas de Customer Relationship Management (CRM).

- **AGILIDADE ORGANIZACIONAL.** A transformação digital exige agilidade para responder rapidamente às mudanças do mercado e às demandas dos clientes. Isso inclui estruturas organizacionais flexíveis e metodologias ágeis, como Scrum e Kanban.[27] Por exemplo, implementação de ciclos curtos de desenvolvimento e iteração contínua para produtos e serviços.

- **FOCO NA EXPERIÊNCIA DO CLIENTE.** O centro da transformação digital é o cliente; é para ele que convergem todas as estratégias. Soluções são projetadas para melhorar a experiência e personalizar serviços com base em dados comportamentais. Como exemplo, temos os aplicativos bancários que oferecem funcionalidades com base no comportamento e nas preferências dos usuários.

- **SEGURANÇA CIBERNÉTICA.** Em um ambiente digital, a segurança de dados e sistemas é prioritária. Protocolos robustos de segurança cibernética são implementados para proteger informações sensíveis e garantir a confiança nos sistemas. Por exemplo, uso de *blockchain* e autenticação multifatorial para garantir a segurança de transações digitais.

- **APRENDIZADO CONTÍNUO E ADAPTABILIDADE.** A transformação digital é dinâmica e exige aprendizado contínuo para acompanhar novas tecnologias e práticas emergentes, requerendo capacitação constante. Como exemplo, temos os treinamentos contínuos em IA e tecnologias emergentes.

---

27 Metodologias ágeis são abordagens para gerenciamento de projetos que priorizam flexibilidade, colaboração e entregas rápidas. Diferentemente dos modelos tradicionais, que seguem um plano rígido do início ao fim, o ágil permite ajustes contínuos com base no *feedback* dos clientes e nas mudanças do mercado. Entre os principais tipos, destacam-se o **Scrum**, que divide o trabalho em ciclos curtos, chamados *sprints*; **Kanban**, que usa um quadro visual para acompanhar tarefas em andamento; **Lean**, focado na eliminação de desperdícios e eficiência; e **XP (Extreme Programming)**, voltado para desenvolvimento de *software* com ciclos curtos e alta qualidade de código.

Essas características exigem competências diversas, com **habilidades** estruturantes que incluem **pensamento crítico e analítico**,[28] **pensamento sistêmico**,[29] **adaptabilidade e flexibilidade**,[30] **aprendizado contínuo**,[31] **comunicação** e **colaboração**,[32] **foco no cliente**[33] e **resiliência**.[34]

Entre as habilidades específicas diretamente aplicáveis à transformação digital, temos **alfabetização tecnológica**,[35] **resolução de problemas complexos**,[36] **gestão de dados**,[37]

---

28 Para avaliar informações, identificar problemas e propor soluções fundamentadas. Necessário para interpretar dados e tomar decisões estratégicas em um ambiente tecnológico.

29 Para entender interconexões entre tecnologia, processos e pessoas. Ajuda a visualizar o impacto de mudanças digitais em toda a organização.

30 Para se ajustar rapidamente a novas tecnologias, novos processos e novos modelos de negócio. Essencial em ambientes de constante transformação e incerteza.

31 Para ter disponibilidade ao aprendizado de novas ferramentas, novas metodologias e novos conceitos, mantendo a relevância em um cenário de rápidas mudanças tecnológicas.

32 Para trabalhar em equipe e articular ideias de forma clara e eficaz, viabilizando a integração entre equipes multidisciplinares e a aceitação de novas iniciativas.

33 Para entender e priorizar as necessidades do cliente como guia para as iniciativas digitais, pois transformação digital deve sempre gerar valor para o cliente.

34 Para conseguir lidar com desafios e fracassos ao implementar mudanças digitais, evitando que obstáculos momentâneos comprometam a visão de longo prazo.

35 Para compreender e usar ferramentas digitais e novas tecnologias, habilitando o uso eficaz de soluções como inteligência artificial, *cloud computing* e automação.

36 Habilidade de analisar, compreender e solucionar desafios que envolvem múltiplas variáveis, incertezas e interações. Diferentemente de problemas simples, que têm respostas diretas, os problemas complexos exigem pensamento crítico, criatividade e adaptação, pois não possuem uma solução única ou previsível. Por exemplo, um problema complexo seria reduzir o trânsito em uma grande cidade. Isso envolve múltiplos fatores, como infraestrutura, transporte público, hábitos da população e impacto ambiental.

37 Habilidade de coletar, organizar e interpretar dados para tomar decisões informadas.

cibersegurança e privacidade de dados,[38] automação e processos ágeis,[39] **gestão da transformação digital,**[40] design centrado no usuário (UX/UI),[41] **integração de tecnologias,**[42] **análise preditiva,**[43] **automação de marketing**[44] e gestão de **mudanças organizacionais,**[45] entre outras.

EXPLICANDO MELHOR HABILIDADES ESTRUTURANTES, INTERMEDIÁRIAS E ESPECÍFICAS

Vimos que para cada tipo de estratégia (antecipação e foco; inovação; transformação digital) são necessárias diversas habilidades. Observe o quadro 2.1.

---

38 Habilidade sobre práticas e ferramentas de proteção a sistemas e informações para garantir a segurança das operações digitais e a confiança do cliente.

39 Capacidade de implementar metodologias como Agile, DevOps e Robotic Process Automation (RPA) para aumentar a eficiência operacional e a capacidade de inovação nos processos de transformação digital.

40 Habilidade de planejar, liderar e executar iniciativas digitais dentro de organizações para viabilizar o alinhamento entre tecnologia, estratégia e cultura organizacional.

41 Habilidade de criar experiências digitais intuitivas e eficazes para garantir que as soluções digitais atendam às necessidades e expectativas dos usuários.

42 Capacidade de integrar diferentes sistemas e plataformas em uma arquitetura digital coesa, para reduzir silos de informação e melhorar a eficiência organizacional.

43 Habilidade de usar ferramentas avançadas para prever tendências e comportamentos futuros de modo que se antecipem oportunidades e riscos em tempo real.

44 Habilidade de implementar e gerenciar soluções de automação para personalização e engajamento com clientes, melhorando o relacionamento com o cliente e aumentando a eficiência de campanhas digitais.

45 Habilidade de liderar equipes e processos durante transições digitais para alinhar tecnologia, cultura e pessoas para garantir o sucesso da transformação.

Quadro 2.1 Comparativo entre as habilidades necessárias em cada área estratégica.

ESTRATÉGIA	HABILIDADES
Antecipação e foco	**Estruturantes:** **pensamento crítico** e letramento em futuros (**pensamento crítico**, **pensamento sistêmico** e **comunicação**). **Intermediárias e específicas:** letramento em futuros.
Inovação	**Estruturantes:** **pensamento crítico**, **pensamento sistêmico**, **criatividade**, resolução de problemas, trabalho em equipe (**colaboração**), comunicação, curiosidade, **adaptabilidade/flexibilidade** e **resiliência**, consciência ética e sustentável, visão de longo prazo. **Intermediárias e específicas:** pensamento criativo, *design thinking*, prototipagem rápida, identificação de tendências e sinais emergentes (antecipação), **alfabetização tecnológica**, gestão da inovação, storytelling, teste e iteração de soluções, *networking* estratégico, negociação.
Transformação digital	**Estruturantes:** **pensamento crítico** e analítico, **pensamento sistêmico**, **adaptabilidade e flexibilidade**, aprendizado contínuo, **comunicação** e **colaboração**, foco no cliente e **resiliência**. **Intermediárias e específicas:** **alfabetização tecnológica**, resolução de problemas complexos, gestão de dados, cibersegurança e privacidade de dados, automação e processos ágeis, gestão da transformação digital, design centrado no usuário (UX/UI), integração de tecnologias, análise preditiva, automação de marketing e gestão de mudanças organizacionais.

Note que, no quadro 2.1, intencionalmente apresentamos as habilidades como "estruturantes" e "intermediárias e específicas". Isso nos ajudará a identificar as habilidades mais relevantes para o futuro.

As **habilidades estruturantes** são competências **amplas, transversais e essenciais**, pois formam a base para qualquer contexto profissional ou de desenvolvimento pessoal. Essas habilidades sustentam o pensamento e a postura de um indivíduo, aplicando-se de forma universal, independentemente da área técnica em que atue. Elas incluem **pensamento crítico, pensamento sistêmico, adaptabilidade e flexibilidade, curiosidade e aprendizado contínuo, resiliência, comunicação e colaboração, consciência ética e responsabilidade social** e **foco no cliente**.

Essas habilidades formam a base **cognitiva, emocional** e **social** que sustenta o aprendizado e a aplicação das **habilidades intermediárias**. Por exemplo:

- o **pensamento crítico** (estruturante) é a base para a **resolução de problemas complexos** (intermediária);

- a **curiosidade** (estruturante) alimenta a **identificação de tendências e sinais emergentes** (intermediária);

- a **comunicação** (estruturante) é essencial para a eficácia do *storytelling* (intermediária).

As habilidades intermediárias, portanto, são competências de maior especificidade que **ampliam as habilidades estruturantes**, permitindo que elas sejam aplicadas em contextos mais técnicos e direcionados. Essas habilidades conectam as capacidades amplas às ferramentas e práticas específicas de uma área.

Juntas, as **habilidades estruturantes** e **as intermediárias** criam o **alicerce** necessário para o desenvolvimento das **habilidades específicas**, permitindo que os profissionais sejam capazes de enfrentar desafios e alcançar objetivos em contextos **mais** particulares/determinados, como transformação digital, inovação e futurismo.

As habilidades estruturantes **precedem** o uso de habilidades intermediárias e específicas. Por exemplo, o *storytelling* depende de comunicação, assim como letramento em futuros depende de pensamento crítico. Além disso, as habilidades estruturantes desenvolvem a **base cognitiva e comportamental** do profissional, **facilitando** o **aprendizado** de novas **competências** e a **adaptação a contextos variados**.

Ao **priorizar o desenvolvimento das habilidades estruturantes**, os profissionais criam uma base sólida para atuar com sucesso nos três tipos de estratégias analisadas aqui, necessárias para permitir sua evolução no sistema produtivo, mantendo-os relevantes para o futuro.

PRIORIZANDO AS HABILIDADES

Comparando as habilidades em comum nas três áreas, vemos que as habilidades estruturantes de **pensamento crítico, pensamento sistêmico, criatividade, comunicação, adaptabilidade e flexibilidade, colaboração** e **resiliência** são as mais recorrentes. Isso representa um indicador relevante para que possamos identificá-las como as **habilidades estruturantes para o futuro**, pois fomentam o desenvolvimento das estratégias necessárias para vencermos os desafios impostos pela revolução tecnológica atual e sua evolução.

Completando a análise, verificamos também que, apesar de as habilidades específicas serem aplicáveis de forma mais contextual, algumas delas constam de mais de uma área, como é o caso da **alfabetização tecnológica**. Esse é um indicador de relevância.

Portanto, os indícios apontam para as seguintes habilidades como as **principais habilidades para o futuro**:

- pensamento crítico;
- pensamento sistêmico;
- comunicação;
- adaptabilidade e flexibilidade;
- colaboração;
- resiliência;
- criatividade;
- alfabetização tecnológica.

Isso parece se confirmar por meio da análise dos **estudos publicados por inúmeras organizações globais** na última década, especializados em **tendências das transformações e dos desafios no trabalho** e em **habilidades em ascensão** para o futuro. Essas organizações incluem, entre outras, o **Fórum Econômico Mundial**, a Organização Internacional do Trabalho **(OIT)**,[46] a Organização para a Cooperação e Desenvolvimento

---

46 INTERNATIONAL LABOUR ORGANIZATION (ILO). **Skills and Lifelong Learning; Global Employment Trends for Youth 2024**. Disponível em: https://www.ilo.org/topics-and-sectors/skills-and-lifelong-learning e https://www.ilo.org/publications/major-publications/global-employment-trends-youth-2024. Acesso em: 10 mar. 2025.

Econômico (**OCDE**),[47] a Organização das Nações Unidas (**ONU**),[48] a Organização das Nações Unidas para a Educação, a Ciência e a Cultura (**Unesco**), o Instituto **Gartner**,[49] o Instituto **McKinsey Global** (McKinsey & Company),[50] o Boston Consulting Group (**BCG**),[51] o **Deloitte**,[52] a PricewaterhouseCoopers (**PwC**),[53] o Institute for Business Value (**IBM**),[54] o **Banco Mundial**[55] e a **WorldSkills International**.[56]

Plataformas de empregos e educação, como o **LinkedIn**,[57] também realizam, de tempos em tempos, estudos sobre as

---

47 ORGANISATION FOR ECONOMIC CO-OPERATION AND DEVELOPMENT (OECD). Skills for a Resilient Green and Digital Transition. **OECD**, 6 nov. 2023. Disponível em: https://www.oecd.org/en/publications/2023/11/oecd-skills-outlook-2023_df859811.html. Acesso em: 10 mar. 2025.

48 UNITED NATIONS (UN). **UN System Strategy on the Future of Work**. Disponível em: https://unsceb.org/topics/future-work. Acesso em: 10 mar. 2025.

49 GARTNER. **Future of Work Trends**: A Gartner Trend Insight Report. Disponível em: https://www.gartner.com/en/doc/745430-future-of-work-trends. Acesso em: 10 mar. 2025.

50 MCKINSEY. **Featured Insights**. Disponível em: https://www.mckinsey.com/featured-insights/future-of-work. Acesso em: 10 mar. 2025.

51 BCG. **The Future of Work**. Disponível em: https://www.bcg.com/capabilities/people-strategy/future-of-work. Acesso em: 10 mar. 2025.

52 DELOITTE. **Future of Work**. Disponível em: https://www2.deloitte.com/us/en/insights/focus/technology-and-the-future-of-work.html. Acesso em: 10 mar. 2025.

53 PwC. **Workforce of the Future**: The Competing Forces Shaping 2030; **Building Tomorrow's Workforce**: Six no-regrets plays to make today. Disponível em: https://www.pwc.com/gx/en/services/workforce/publications/workforce-of-the-future.html e https://www.pwc.com/gx/en/issues/workforce/future-of-work-and-skills.html. Acesso em: 10 mar. 2025.

54 IBM. **Future of Work**. Disponível em: https://research.ibm.com/topics/future-of-work. Acesso em: 10 mar. 2025.

55 WORLD BANK GROUP. **The Future of Work**: Implications for Equity and Growth in Europe, 6 nov. 2023. Disponível em: https://www.worldbank.org/en/region/eca/publication/europe-future-of-work. Acesso em: 10 mar. 2025.

56 WORLDSKILLS INTERNATIONAL. **Youth Voice for the Future of Work**. Disponível em: https://worldskills.org/what/projects/youth-voice/. Acesso em: 10 mar. 2025.

57 BESSALEL, Sonya. **LinkedIn Learning Blog**, 8 fev. 2024. Disponível em: https://www.linkedin.com/business/learning/blog/top-skills-and-courses/most-in-demand-skills. Acesso em: 10 mar. 2025.

habilidades mais demandadas pelas empresas, funcionando também como indicadores das habilidades em ascensão.

Analisando, por exemplo, os relatórios do Fórum Econômico Mundial sobre as habilidades em ascensão entre 2015 e 2023[58] (ver quadro 2.2), observamos que, além de **pensamento crítico e analítico**, apenas a **criatividade** aparece (de forma explícita ou implícita) em **todas as listas** publicadas sobre o assunto:

Quadro 2.2 Comparativo entre as habilidades em ascensão apontadas pelos relatórios do Fórum Econômico Mundial de 2015 a 2023.

	EM 2015	2016 (PARA 2020)	2020 (PARA 2025)	2023 (PARA 2027)
1	Resolução de problemas complexos.	Resolução de problemas complexos.	Pensamento analítico e inovação.	**Pensamento criativo (criatividade)**.
2	Coordenação com os outros.	**Pensamento crítico**.	Aprendizagem ativa e estratégias de aprendizagem.	**Pensamento analítico (crítico)**.
3	Gestão de pessoas.	**Criatividade**.	Resolução de problemas complexos.	Letramento **tecnológico**.

(cont.)

---

58   WORLD ECONOMIC FORUM. **The 10 Skills You Need to Thrive in the Fourth Industrial Revolution**, 19 jan. 2016. Disponível em: https://www.weforum.org/stories/2016/01/the-10-skills-you-need-to-thrive-in-the-fourth-industrial-revolution. Acesso em: 10 mar. 2025; **The Future of Jobs Report 2018**, 17 set. 2018. Disponível em: https://www.weforum.org/publications/the-future-of-jobs-report-2018/. Acesso em: 10 mar. 2025; **These Are the Top 10 Job Skills of Tomorrow – and How Long it Takes to Learn Them**, 21 out. 2020. Disponível em: https://www.weforum.org/stories/2020/10/top-10-work-skills-of-tomorrow-how-long-it-takes-to-learn-them. Acesso em: 10 mar. 2025; **Future of Jobs 2023**: These Are the Most in-Demand Skills Now – And Beyond, 1 maio 2023. Disponível em: https://www.weforum.org/stories/2023/05/future-of-jobs-2023-skills/. Acesso em: 10 mar. 2025.

	EM 2015	2016 (PARA 2020)	2020 (PARA 2025)	2023 (PARA 2027)
4	**Pensamento crítico**.	Gestão de pessoas.	**Pensamento crítico** e análise.	Curiosidade e aprendizado contínuo.
5	Negociação.	Coordenação com os outros.	**Criatividade**, originalidade e iniciativa.	**Resiliência**, flexibilidade e agilidade.
6	Controle de qualidade.	Inteligência emocional.	Liderança e influência social.	Pensamento sistêmico.
7	Orientação para serviço.	Julgamento e tomada de decisão.	Uso, monitoramento e controle de **tecnologias**.	**IA e big data.**
8	Julgamento e tomada de decisão.	Orientação para serviço.	Design e programação de **tecnologia**.	Motivação e autoconhecimento.
9	Escuta ativa.	Negociação.	**Resiliência**, tolerância ao estresse e flexibilidade.	Gestão de talentos.
10	**Criatividade**.	Flexibilidade cognitiva.	Raciocínio, resolução de problemas e ideação.	Orientação para serviço e serviço ao consumidor.

Os relatórios indicam também a ascensão de habilidades como **resiliência** e **domínio da tecnologia** (uso, monitoramento, controle, design, programação, letramento, IA e big data) a partir de 2020, que **emergem** em função da aceleração da digitalização no mundo imposta pela pandemia de então.

ENFIM, AS HABILIDADES PARA O FUTURO

Embora **letramento em futuros** não conste oficialmente dos relatórios sobre habilidades em ascensão e apareça apenas como habilidade específica de uma área de estratégias para o futuro – a de **antecipação e foco** –, acredito que seja importante adicioná-la à lista de habilidades relevantes para o futuro e explico por quê.

Conforme a aceleração tecnológica aumenta, as **estratégias de antecipação** funcionam como **base estruturante para qualquer área específica**, da mesma forma que as habilidades estruturantes embasam o desenvolvimento das demais habilidades. O primeiro passo de qualquer estratégia é determinar **objetivos** que se desejam alcançar, e, nesse sentido, seja qual for a área em que estejamos desenvolvendo estratégias (inovação, transformação digital, carreira, sustentabilidade ou qualquer outra), precisaremos ter a habilidade de traçar cenários, avaliar possibilidades e escolher caminhos. Portanto, incluiremos aqui, na nossa lista final de habilidades, o **letramento em futuros**, completando o elenco de habilidades para o futuro:

- pensamento crítico;
- pensamento sistêmico;
- comunicação;
- adaptabilidade e flexibilidade;
- colaboração;
- resiliência;
- criatividade;
- alfabetização tecnológica;
- letramento em futuros...

... que discutiremos no próximo capítulo.

MAPA DO TESOURO

Não é sobre saltos,
mas sobre constância;
não é acaso, mas intenção,
direção, análise, ação;
não é de graça, mas
conquistado.

"

Por que ler este capítulo.
Assista:

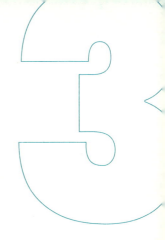

Até o momento, **identificamos** e priorizamos as **habilidades para o futuro.** Agora, precisamos **entendê-las** para conseguirmos, depois, desenvolvê-las.

Com exceção de letramento em futuros, que é relativamente nova, as demais habilidades identificadas no capítulo 2 são quase tão antigas quanto a humanidade. Teoricamente, essas habilidades já fazem parte do nosso repertório de competências. O que muda no contexto atual de desenvolvimento profissional para o futuro do trabalho é a questão da priorização e da profundidade das habilidades.

Como você já deve ter visto e percebido, enquanto até recentemente as habilidades mais relevantes para o desenvolvimento profissional eram as específicas, mais técnicas, agora vemos que a relevância mudou para as habilidades mais estruturantes, relacionadas às competências humanas. Em outras palavras, estamos experimentando uma **movimentação da**

relevância de habilidades, migrando das *hard skills* (mais técnicas) para as *soft skills* (mais humanas, comportamentais). Isso porque, conforme a tecnologia evolui, ela consegue realizar cada vez mais *hard skills*, tirando a relevância da atuação humana nessas habilidades. Ao mesmo tempo, enquanto a tecnologia não consegue realizar as *soft skills*, a participação humana agrega valor nessas habilidades.

Avançamos, portanto, neste capítulo, discutindo cada uma das habilidades (as técnicas e as comportamentais), a fim de avaliar como **contribuem para nosso preparo e nossa adaptação** para nos mantermos relevantes na jornada profissional rumo ao futuro.

Os desafios para desenvolver as habilidades que o futuro exige

Como vimos, a maioria das habilidades para o futuro que elencamos anteriormente é de *soft skills*: pensamento crítico, pensamento sistêmico, comunicação, adaptabilidade e flexibilidade, colaboração, resiliência e criatividade.

Considerando que existem **diferenças significativas** entre o processo de aquisição de *soft skills* (comportamentais) e o de *hard skills* (técnicas), a **migração de relevância** das habilidades de um polo para o outro traz **impactos no desenvolvimento delas** (quadro 3.1).

Quadro 3.1 Comparação entre os processos de aquisição de habilidades.

	SOFT SKILLS	*HARD SKILLS*
Natureza	Comportamental, subjetiva.	Técnica, objetiva.
Método de aprendizado	Experiencial, social, longo prazo.	Conteúdo estruturado, curto/médio prazo.
Avaliação	Subjetiva, contextual.	Objetiva, mensurável.
Evolução	Contínua, adaptável.	Incremental, mais estável.
Influências	Internas e emocionais.	Técnicas e práticas.

De modo geral, o aprendizado de **hard skills** tende a ser mais **simples** devido à natureza técnica e objetiva desse tipo de habilidade, que possibilita a aplicação de métodos claros de ensino e avaliação por meio de cursos de curta ou média duração (apesar de eventualmente poder exigir atualizações frequentes em áreas de rápida evolução). Já o aprendizado de **soft skills** é mais **desafiador**, pois a sua natureza comportamental e subjetiva tem forte **relação com o contexto social e emocional**, exigindo métodos de aprendizado experienciais, com necessidade de **prática constante**.

Além de ser mais desafiadora, a aquisição de **soft skills** enfrenta um **desafio** adicional: a estrutura da **educação formal**, que se desenvolveu para beneficiar o desenvolvimento das *hard skills*, que eram as habilidades mais relevantes nas revoluções tecnológicas anteriores. Assim, a educação se fundamentou em conteúdos estruturados de curto/médio prazos, com avaliações objetivas e mensuráveis, proporcionando uma evolução incremental, mais estável e baseada em técnicas e práticas preestabelecidas. No entanto, a educação de que precisamos agora para favorecer o desenvolvimento de *soft skills* exigiria uma fundamentação **experiencial e social**, no **longo prazo** (normalmente, durante toda a vida), com base em **avaliações subjetivas e contextuais**, evoluindo **continuamente** de forma **adaptável**. Enquanto as influências no aprendizado de *hard skills* são predominantemente externas (cursos, métodos, conteúdos, etc.), de fora para dentro, no caso das *soft skills* o processo é o oposto: as influências predominantes são internas, emocionais – portanto, de **dentro para fora**.

Superpoderes

Para obter os benefícios desse conjunto de habilidades e nos tornarmos preparados para o futuro, é necessário investir em **disciplina** e **esforço individual**, a fim de que o processo de aquisição das habilidades – *soft* e *hard skills* – efetivamente se **realize**. No entanto, por outro lado, o **retorno tende a ser muito maior** do que o empenho investido, pois, conforme vamos adquirindo mais capacidades, as **habilidades se somam e se complementam simbioticamente**.

Esse modelo de desenvolvimento, direcionado, passo a passo, gradativo, simbiótico, sinérgico, apropriando-se do melhor de cada habilidade em cada momento, tem o **potencial de transformar um ser humano comum em um indivíduo superpoderoso**. Não é sobre **saltos**, mas sobre **constância**; não é **acaso**, mas **intenção**, **direção**, **análise**, **ação**; não é de **graça**, mas **conquistado**.

O **processo de aquisição de habilidades**, que nos prepara para conseguirmos nos adaptar adequadamente e evoluir nos mantendo relevantes **para o futuro do trabalho**, pode se inspirar no processo em que o **Batman**[1] adquiriu os seus poderes para se transformar em super-herói. Diferentemente do Super-Homem, que já nasceu com os seus superpoderes, o Batman teve de conquistá-los um a um. Ele é um humano que possui apenas habilidades humanas comuns, como qualquer outra pessoa. No entanto, por meio da combinação do desenvolvimento de habilidades e tecnologia, ele vai adquirindo os poderes e se tornando super. Por exemplo, desde o início da sua história ele: (1) usa telas na "batcaverna" para obter informações e embasar a sua tomada de decisões (o pensamento crítico se beneficiando da tecnologia); (2) conta com um time confiável, dedicado e multidisciplinar (o comissário e o mordomo nerd amigo, entre outros) para auxiliá-lo nos seus objetivos (colaboração); (3) beneficia-se de um cinto de utilidades (alfabetização tecnológica) para conseguir ampliar suas habilidades naturais e escalar, voar, abrir caminhos, etc. (criatividade, adaptabilidade ágil e flexibilidade); (4) desenvolveu uma capa que foi evoluindo ao longo do tempo para melhorar sua aerodinâmica e sua resistência, facilitando cada vez mais o seu poder de voar (alfabetização tecnológica, resiliência); (5) sua vestimenta é uma armadura tecnológica fabricada com *kevlar* que funciona como um exoesqueleto *smart*, que o protege (à prova de balas), amplia as suas capacidades físicas, é

---

1 A primeira aparição do Batman foi em uma história em quadrinhos da DC Comics em 1939. Ver CAPUANO, Amanda. HQ com estreia de Batman é leiloada por 8 milhões de reais. **Veja**, 20 nov. 2020. Disponível em: https://veja.abril.com.br/cultura/hq-com-estreia-de-batman-e-leiloada-por-8-milhoes-de-reais. Acesso em: 3 fev. 2025.

acionado por comando de voz e inteligência artificial e possui características de camuflagem que o tornam invisível (resiliência, adaptabilidade ágil e flexibilidade, criatividade, alfabetização tecnológica).

Note-se que, ao longo das suas mais de oito décadas de existência, isso foi um **processo contínuo gradativo evolutivo** – o personagem conseguiu incorporar em suas habilidades as tecnologias que iam surgindo, enquanto, simultaneamente, adaptava e aprimorava as suas habilidades humanas, tanto para usar e se beneficiar ao máximo da tecnologia quanto para enfrentar as mudanças que aconteciam.

Assim, inspirados pelo Batman, iniciemos a discussão sobre cada uma das habilidades para o futuro: **pensamento crítico, pensamento sistêmico, alfabetização tecnológica, criatividade, adaptabilidade e flexibilidade, colaboração, resiliência, comunicação e letramento em futuros**.

Pensamento crítico

Vimos no capítulo anterior que o pensamento crítico é a habilidade **estruturante** que dá o embasamento para toda e qualquer tomada de decisão. Consequentemente, ele é a **habilidade que fundamenta todas as outras**.

Ele nos auxilia a enxergar os paradigmas que nos regem, a identificar os sutis sinais de mudança que alimentam os estudos de futuros, a avaliar as informações que fluem entre as etapas de qualquer metodologia, a vencer vieses e balizar tudo com valores humanos, a direcionar estratégias e ações, enfim, é por meio do pensamento crítico que **avaliamos e interpretamos o mundo para decidir e agir**. A cada momento, é ele que determina quais habilidades precisamos usar e desenvolver, que tecnologias são mais adequadas, como colaborar e com quem, e assim por diante. Ele **escolhe todos os recursos necessários para encontrarmos soluções**. Sem ele, recursos ou demais habilidades tendem a não ser aproveitados da maneira adequada para alcançarmos o melhor resultado possível.

Consequentemente, quanto melhor for o nosso pensamento crítico, melhor tende a ser o resultado de como pensamos e agimos. Por isso, **falhas no pensamento crítico** tendem a nos conduzir a decisões ruins que, na melhor das hipóteses, não oferecem o melhor caminho possível, mas que, na pior, podem resultar em **fracassos**, soluções **antiéticas, não sustentáveis, prejuízos** e até **catástrofes**.

Estrategicamente, o pensamento crítico determina a **qualidade do fluxo decisório que rege nossas vidas**, tornando-o uma habilidade estrutural essencial para **fundamentar o nosso sucesso e direcionar o desenvolvimento de todas as demais habilidades**. Se desenvolvermos a habilidade de pensar criticamente, saberemos tomar as **melhores decisões ao longo da carreira profissional**; saberemos escolher quais habilidades aprimorar, como e quando; saberemos avaliar cenários com clareza para escolher os melhores caminhos; enfim, quanto mais desenvolvida for a nossa habilidade de pensar criticamente, maiores serão as probabilidades de que escolheremos e faremos todo o resto da melhor forma possível para solucionar e vencer quaisquer desafios que tenhamos na nossa jornada para o futuro.

Em função disso, o pensamento crítico se constitui como a habilidade mais importante de todas, a **habilidade zero** em nossas carreiras e nossas vidas. Por isso, ele é o **coração deste livro**, e dedicamos os próximos dois capítulos exclusivamente a ele.

Pensamento sistêmico

Apesar de se relacionarem intimamente na resolução de problemas, o pensamento crítico e o pensamento sistêmico são habilidades cognitivas que possuem propósitos distintos e complementares. Enquanto o pensamento crítico é a habilidade de analisar, avaliar e interpretar informações de maneira objetiva e lógica para tomar decisões fundamentadas, o pensamento sistêmico envolve **enxergar a situação como parte de um sistema maior, considerando interconexões, causas e efeitos no longo prazo**. Ele busca entender como diferentes partes de um sistema influenciam umas às outras.

Por isso, o **pensamento sistêmico envolve** visão holística dos problemas, compreensão das interconexões entre elementos de um sistema, análise de impactos a longo prazo e identificação de padrões e tendências. A aplicação do pensamento sistêmico pode ser exemplificada no caso de uma empresa que queira reduzir custos operacionais. Para isso, o gestor precisa analisar como a redução de custos pode impactar a qualidade do serviço, o engajamento dos funcionários, a satisfação dos clientes e todas as demais variáveis do negócio, evitando decisões que, embora resolvam um problema imediato, criem problemas no futuro.

Assim, o pensamento crítico e o pensamento sistêmico funcionam de forma complementar – um bom profissional precisa analisar criticamente as informações disponíveis (pensamento crítico) para decidir e, ao mesmo tempo, avaliar como suas decisões afetam o todo (pensamento sistêmico). Um exemplo combinado, mostrando a complementariedade entre eles, é um executivo analisando a viabilidade de implementar inteligência artificial em sua empresa. Ele precisa usar o pensamento crítico, para avaliar os prós e contras com base em dados concretos, e o pensamento sistêmico, para prever como essa mudança impactará os funcionários, clientes e processos da empresa no longo prazo.

Quadro 3.2 Comparação entre as características do pensamento crítico e as do pensamento sistêmico.

	PENSAMENTO CRÍTICO	PENSAMENTO SISTÊMICO
Foco	Analisar e questionar informações.	Compreender conexões e impactos no sistema.
Abordagem	Lógica, argumentação e evidências.	Holística, análise de interdependências.
Objetivo	Tomar decisões baseadas em fatos e evitar erros de raciocínio.	Identificar impactos amplos e soluções sustentáveis.
Exemplo de aplicação	Avaliação de um relatório financeiro para detectar inconsistências.	Estudo de como mudanças em um setor da empresa afetam outros setores.

É importante observar que, além de complementares, o pensamento crítico e o pensamento sistêmico são habilidades estruturantes que, quando atuam juntas, ampliam-se mutuamente. O **pensamento crítico alimenta o pensamento sistêmico** para enxergar as conexões entre elementos de um sistema. Para tanto, é preciso questionar suposições, identificar vieses e analisar informações com lógica. Tudo isso são aspectos do pensamento crítico.[2] Por sua vez, o **pensamento sistêmico expande o pensamento crítico**, pois, enquanto o pensamento crítico avalia informações isoladamente, o pensamento sistêmico amplia a visão, considerando múltiplas variáveis e impactos de longo prazo.[3]

Alfabetização tecnológica

Costumo dizer que a tecnologia é como a honestidade: quem não usa não sabe o que é. Mas, de uma maneira mais objetiva, podemos afirmar que **tecnologia** é o conjunto de técnicas, ferramentas e métodos usados para resolver problemas, tornando as tarefas mais fáceis, rápidas ou eficientes. Sua **função**, portanto, desde o início da nossa História, é **ampliar**

---

2   Por exemplo, um gestor percebe que a produtividade da equipe caiu. Com pensamento crítico, ele investiga os dados, questiona as causas apontadas e evita explicações simplistas antes de considerar soluções sistêmicas.

3   Por exemplo, um executivo avalia a implementação de *home office*. O pensamento crítico analisa custos e produtividade, enquanto o pensamento sistêmico avalia impactos na cultura organizacional, no bem-estar dos funcionários e no relacionamento com clientes.

as capacidades humanas. Por exemplo, a roda acelera as pernas, a lança estende os braços, o telescópio amplia a visão.

O **impulso motivador** de criação de tecnologias ao longo da nossa evolução é, e sempre foi, nos **permitir realizar tarefas e conquistar desafios que vão além das nossas competências biológicas naturais**. Nesse processo, o avanço da tecnologia foi gradativamente nos oferecendo mais **poder e controle sobre o mundo** ao nosso redor: acesso à informação, comunicação, educação, simulação e treinamento, aumento de produtividade, velocidade, acessibilidade, solução de problemas complexos, etc.

Nesse sentido, todas as habilidades humanas podem se beneficiar da tecnologia, desde que saibamos usá-la ou incorporá-la. Além de poder ser utilizada de forma **externa** ao corpo (por exemplo, um teclado) ou **vestível** (*wearable*, como os óculos de realidade virtual ou mista), mais recentemente tem se tornado possível, literalmente, usar a tecnologia de forma interna, implantada no nosso cérebro. Um exemplo emblemático desse último tipo de utilização tecnológica são os implantes da Neuralink,[4] com caso reportado em 2024 de **aumento significativo de performance cognitiva** em jogo computacional.[5]

---

4   A Neuralink é uma empresa de neurotecnologia fundada por Elon Musk e um time de oito cientistas e engenheiros em 2016, que desenvolve interfaces cérebro-computador (as chamadas Brain Computer Interfaces ou BCI) implantáveis.

5   TANGERMANN, Victor. Latest Patient Implanted With Neuralink Is Using It to Play "Counter-Strike 2". **Neoscope**, 23 ago. 24. Disponível em: https://futurism.com/neoscope/patient-neuralink-play-counter-strike-2. Acesso em: 10 mar. 2025.

Nesse contexto, enquanto o uso interno da tecnologia catapulta a simbiose humano-tecnológica para outro patamar, os outros dois tipos (**externo e vestível**) requerem a habilidade de **alfabetização tecnológica** para que nos beneficiemos dela.

Nesse sentido, a alfabetização (ou letramento) tecnológica é a habilidade que nos **permite combinar o potencial das capacidades humanas com o poder da tecnologia**. Com a aceleração do ritmo de mudança e o aumento da complexidade tecnológica, ela passa a ser uma das habilidades fundamentais não apenas para **nos tornar aptos a navegar as transformações**, mas também para permitir que **nos ampliemos para além das nossas limitações** biológicas naturais, incorporando o ritmo acelerado da tecnologia, por mais rápido que ele seja.

Você pode acompanhar um exemplo da importância da alfabetização tecnológica apontando a câmera do seu celular para o QR Code a seguir. Em 2023, a partir da disseminação da inteligência artificial generativa, tornou-se possível a dublagem de vídeos em praticamente qualquer língua. Mesmo não sabendo falar chinês ou francês, eu fiz em poucos minutos, usando ferramentas gratuitas de IA, dublagem nesses idiomas.

Com esse recurso, minhas possibilidades de atuação profissional em cursos e palestras on-line se ampliam significativamente, podendo, virtualmente, alcançar qualquer mercado.

Todas as tecnologias – IA e demais – continuam a evoluir e não vão parar, e saber utilizá-las nos oferece a oportunidade de incorporar suas funcionalidades poderosas **ampliando as nossas**.

Além disso, embora as demais habilidades que necessitamos desenvolver não dependam intrinsecamente da tecnologia, elas **se beneficiam da sua contribuição**.[6] Assim, a alfabetização tecnológica nos permite evoluir desenvolvendo não só *hard skills* (por exemplo, habilidades de análise de dados, uso de ferramentas de gestão, programação, etc.) mas também *soft skills*, como a comunicação, que requer cada vez mais o domínio de ferramentas tecnológicas para a colaboração em ambientes virtuais.

A alfabetização tecnológica funciona, portanto, como uma camada de ampliação do nosso cérebro (figura 3.1), de forma que, conforme adquirimos mais habilidades digitais, mais poderosa se torna essa camada, criando um **processo de evolução artificial** do cérebro humano.

---

6   Por exemplo, o pensamento crítico é uma habilidade humana que pode se beneficiar da análise de dados realizada por tecnologia. Portanto, a habilidade de alfabetização tecnológica pode favorecer o pensamento crítico.

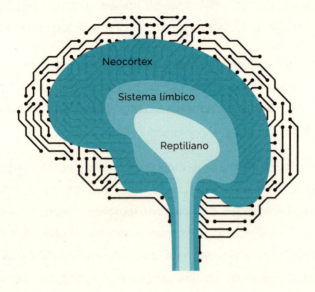

Figura 3.1 Esquematização das camadas do cérebro humano representando a habilidade de alfabetização digital como uma camada de evolução artificial.

Se, por um lado, a **alfabetização tecnológica** nos amplia, proporcionando **vantagem competitiva**, por outro, sem ela, o desenvolvimento de uma carreira profissional tornou-se praticamente **impossível** em razão da integração profunda das ferramentas digitais em todos os aspectos do trabalho. A tecnologia redefine as habilidades necessárias no trabalho, tornando seu uso essencial para a **produtividade**,[7] a **colaboração**,[8]

---

[7] Ferramentas digitais automatizam tarefas, aumentam a eficiência e otimizam o tempo.
[8] O trabalho remoto e híbrido exige domínio de plataformas digitais para comunicação e gestão de equipes.

a **competitividade**,[9] o **acesso à informação** e o **aprendizado contínuo.**[10]

No mercado de trabalho, o **domínio de tecnologias** é considerado um **requisito básico** em praticamente todas as áreas. Assim, profissionais que não dominam ferramentas digitais tendem a enfrentar (1) **dificuldades para entrar no mercado,**[11] pois recrutadores normalmente avaliam competências tecnológicas como critério eliminatório; e (2) **estagnação na carreira,** pois, sem habilidades tecnológicas em um ambiente cada vez mais tecnológico, tendem a existir poucas chances de promoção, especialmente em cargos que exijam liderança ou inovação.

---

9   Profissionais que não acompanham o avanço tecnológico tornam-se obsoletos, já que empresas buscam talentos capazes de lidar com sistemas digitais. Além disso, independentemente da área profissional, a tecnologia impacta diretamente os processos e modelos de trabalho. Por exemplo, em **setores tradicionais** (como agricultura ou varejo), os profissionais precisam de tecnologias para atividades como análise de dados, automação de processos e *e-commerce*. **Áreas emergentes**, como marketing digital, inteligência artificial e cibersegurança, dependem inteiramente do uso de tecnologias. Em **educação**, diversas dimensões da aprendizagem e do ensino têm migrado para o digital, em plataformas de aprendizado on-line e gamificação.

10   A tecnologia é o principal meio de acesso a informações, conhecimento e oportunidades de desenvolvimento profissional. Sem o domínio de tecnologias, um profissional **fica limitado ao aprendizado tradicional e não acompanha as novidades**, já que dados e tendências de mercado são amplamente divulgados em canais digitais, e não os acessar compromete a capacidade de inovar e se adaptar.

11   Um estudo que exemplifica isso mostra que, apenas poucos meses após o lançamento do ChatGPT, 91% das empresas com posições abertas (em plataformas como Indeed e LinkedIn) estavam procurando colaboradores que sabiam como usar o ChatGPT. Ver 9 IN 10 COMPANIES that Are Currently Hiring Want Workers with ChatGPT Experience. **Resume Builder**, 10 abr. 2023. Disponível em: https://www.resumebuilder.com/9-in-10-companies-that-are-currently-hiring-want-workers-with-chatgpt-experience/. Acesso em: 10 mar. 2025.

Como o mercado e o trabalho evoluem com tecnologias emergentes, a **inovação** e as **profissões do futuro** estão diretamente ligadas ao seu uso. Ser capaz de usar tecnologias permite **resolver problemas complexos** para encontrar soluções inovadoras e inovar em processos, identificando maneiras mais eficazes de realizar tarefas ou criar modelos de negócio. Assim, não se alfabetizar nessas tecnologias impede o profissional de se habilitar para acompanhar a inovação e para atuar em carreiras emergentes e futuras. O domínio de tecnologias não é apenas uma vantagem como também uma **necessidade básica** para qualquer profissional que deseje crescer.

No entanto, **conhecer e compreender a tecnologia** conforme ela avança **não é tarefa fácil**: a aceleração da mudança traz dois desafios principais. O primeiro é a rápida transformação tecnológica; o segundo, a multiplicidade e o crescimento tecnológico (quanto maior a aceleração da tecnologia, maiores o volume e a variedade de tecnologias que se inter-relacionam). Isso demanda um esforço contínuo para acompanharmos as mudanças. Como consequência, dentre todas as habilidades, a **alfabetização tecnológica** é uma das mais desafiadoras, na medida em que precisamos nos adaptar continuamente para conseguir acompanhar o ritmo alucinante da evolução.

Para auxiliar no desenvolvimento da alfabetização tecnológica, recomendo a leitura de dois livros que escrevi para oferecer o letramento nas principais tecnologias emergentes: os *best-sellers* **Você, eu e os robôs** e **Inteligência artificial: do zero a superpoderes**.

Criatividade

Criatividade é a habilidade que nos permite criar. É a arte de imaginar para conceber. É a mãe do novo – sem ela, não existiria nem arte, nem **inovação**, e nós, humanos, ainda estaríamos vivendo em cavernas. A criatividade é, portanto, o motor que **impulsiona a roda da evolução**.

Analisando a sua função estratégica para o futuro, a criatividade é uma habilidade-chave, não apenas por estar na base de **estratégias** como também por se relacionar intrinsecamente com outras **habilidades**, afetando os seus desempenhos. Vejamos.

- **CRIATIVIDADE E FUTURISMO.** Estudos de futuros são uma combinação de ciência com imaginação. Assim, o desdobramento de cenários e visões de futuros depende, intrinsecamente, da criatividade.

- **CRIATIVIDADE E INOVAÇÃO.** Em todo e qualquer método de inovação, é necessário ter ideias sobre possíveis soluções a serem validadas, testadas e implementadas. Ideias dependem de criatividade para que possam surgir. Portanto, estratégias de inovação seriam impossíveis sem criatividade.

- **CRIATIVIDADE E PENSAMENTO CRÍTICO.** Veremos mais à frente, nos capítulos dedicados ao pensamento crítico, que saber perguntar é uma das principais habilidades para obter e analisar informações durante o processo de pensar. Para saber perguntar, é preciso saber imaginar: o pensamento depende tanto da informação disponível quanto da habilidade criativa de imaginar como conectá-la para extrair sentido, retroalimentando o processo e gerando novas perguntas em busca de informações adicionais. Portanto, a criatividade é a força motriz das perguntas que estruturam o pensamento crítico.

Além do seu papel fundamental em fomentar estratégias e outras habilidades, é importante observar que, com o **avanço da automação tecnológica** nos sistemas produtivos, a **criatividade** tem se tornado cada vez **mais importante**, aumentando a sua contribuição na **geração de valor**.

Discutimos anteriormente que, conforme os computadores entram em cena, eles vão se integrando gradativamente ao **sistema produtivo mental** vigente. Essa integração vai automatizando a produção cognitiva, da mesma forma que a introdução das máquinas no século XX passou a automatizar e reconfigurar completamente a produção mecânica. Nesse processo de automatização – mecânico ou cognitivo –, o **polo de valor do paradigma produtivo** vai se deslocando do produto final para o seu **sistema de criação**.

Antes da automação industrial e da produção em massa, a produção ficava **limitada** à capacidade de trabalho dos indivíduos, mas o produto era **único**, pois incorporava a criatividade e o modo de produção do seu criador, um artesão. Conforme as máquinas passaram a automatizar a produção mecânica, tornou-se muito fácil obter uma grande quantidade de produtos, mas todos iguais. Nesse processo de automatização, o valor da diferenciação e da qualidade, características essenciais do produto, **deslocaram-se do produto em si para o processo da sua criação**, que alimenta o sistema de produção.

Um artesão não consegue produzir para competir em volume com as máquinas, mas ele passa a ser necessário **para criar os conceitos** que serão usados no processo de produção. Quanto melhor o artesão na origem do processo, melhor a produção. Ou seja, conforme a automação avança em um sistema produtivo, o **polo de valor desse sistema vai se deslocando da ponta** (produto final) **para a sua origem** (processo criativo).

Portanto, quanto mais **máquinas e computadores** em um sistema, maior a produção em **escala**, embora o **diferencial passe a ser o processo de criação** – a melhor ideia, o melhor conceito, a melhor concepção, a melhor integração. Em suma, o **valor** passa para a **criatividade na origem** e para a **fluição**[12] **do sistema**.

Apesar de isso já estar acontecendo nos sistemas de produção mecânicos há quase um século, esse deslocamento de valor é um processo novo nos **sistemas produtivos mentais**, pois passa a acontecer de forma perceptível somente após a popularização do ChatGPT, que inaugura, em 2023, a democratização da automação da produção cognitiva. Isso **coloca em xeque o sistema de valor da produção intelectual** em vigência, que residia no produto final da criação cognitiva (a obra, produção musical, textual, visual, etc.) e vai passando gradativamente para a origem do sistema de criação – ou seja, **a intenção criativa**. Por isso, provavelmente, em vez de registrar obras intelectuais, possivelmente passaremos a registrar *prompts*, da mesma forma que no sistema mecânico,

---

12   O movimento contínuo e natural de algo, sem interrupções ou obstáculos. Expressa a ideia de continuidade, progresso natural e suavidade no desenvolvimento de algo.

em vez de assinar unidades produzidas, passou-se ao registro de patentes.

Portanto, no novo **paradigma de produção híbrido**, na **simbiose humano-tecnológica**, o valor da produção cognitiva passa a ser cada vez mais determinado pela criatividade da intenção: o *prompt*. Assim, a **alfabetização tecnológica** está cada vez mais intimamente conectada à criatividade, mas aplicada em outras dimensões do processo produtivo mental, cognitivo.

Além disso, uma consideração importante sobre a **natureza da criatividade** é a de que, a partir da inserção e da participação da inteligência artificial no nosso cotidiano, a **criatividade tornou-se uma habilidade híbrida entre a humana e a artificial**. Apesar de a criatividade não ser uma habilidade presente apenas em humanos, antes de os sistemas computacionais surgirem ela certamente era atribuída exclusivamente a seres vivos.[13] No entanto, a partir da introdução gradativa dos computadores nas nossas vidas, as máquinas passaram a auxiliar nossos processos criativos por meio do processamento de grandes volumes de dados em alta velocidade, permitindo-nos encontrar padrões que o nosso cérebro é incapaz de perceber. Com a ascensão das inteligências artificiais generativas, as máquinas vão além e adquirem a capacidade de gerar ideias – assim, a criatividade se torna também uma habilidade artificial. Se você já pediu para alguma IA criar um

---

13   Apesar de as plantas não apresentarem habilidades cognitivas tipicamente associadas à criatividade em animais (pelo fato de não possuírem um sistema nervoso central ou um cérebro), elas demonstram comportamentos complexos e adaptativos que podem ser interpretados como uma forma de criatividade no contexto de sua sobrevivência e sua reprodução.

poema sobre um determinado tópico, obtendo um resultado inédito, você experimentou um pouquinho da criatividade das máquinas. E isso é apenas a ponta do *iceberg* das possibilidades criativas que vêm por aí.

No entanto, é importante observar que a natureza da criatividade artificial, das máquinas, é diferente da natureza da criatividade natural, humana. Enquanto no primeiro caso a criatividade é baseada na capacidade de processar rapidamente grandes volumes de informação, no segundo ela tem um DNA conceitual que envolve diversas habilidades humanas, como compreensão de contexto, ambiguidades, alinhamento com valores e sustentabilidade, entre outras. Assim, **a criatividade humana e a de máquina têm características distintas e complementares** e, nesse sentido, da união de ambas surge um novo tipo de criatividade, **híbrida entre quantidade e qualidade**, muito mais poderosa do que as suas formadoras isoladamente. Portanto, a utilização de tecnologias digitais nos processos criativos passou a ser um *game changer* para estratégias que dependem de criatividade.

Adaptabilidade e flexibilidade

Em um discurso em 1963, Leon C. Megginson, então professor da Louisiana State University, apresentou a sua interpretação da ideia central de *A origem das espécies*, de Charles Darwin. Segundo Megginson, não é o mais forte que sobrevive nem o mais inteligente, mas aquele que melhor se adapta às mudanças.

Desde os primórdios da humanidade, a **adaptabilidade** se constitui em uma habilidade crucial para a **evolução**. A **agilidade**, por sua vez, tem se tornado **crítica** em cenários de mudança acelerada e incerteza crescente, como o atual.

Enquanto a **adaptabilidade** refere-se à habilidade de um indivíduo, um grupo ou uma organização de **se ajustar a mudanças** ou novidades no ambiente, a **agilidade** diz respeito à habilidade de **se adaptar rapidamente**.

Graças à adaptabilidade humana, conseguimos evoluir. Nosso cérebro se transforma com a neuroplasticidade, nosso corpo se transforma com o seu uso, nossas ideias, nossa cultura, nossas percepções se transformam com a educação. Tem sido assim desde as nossas origens e tem funcionado até aqui, mas lentamente. Agora, não mais, como temos discutido ao longo do livro. Para continuar funcionando, a adaptabilidade precisa adquirir também rapidez, pois a fórmula da mudança hoje é catalisada pelo aumento de velocidade. Portanto, a **adaptabilidade precisa se tornar ágil**.

No entanto, tanto a adaptabilidade quanto a agilidade são competências formadas por inúmeras outras habilidades e atitudes.

Por exemplo, a adaptabilidade depende de competências e atitudes como **flexibilidade**, para ajustar pensamentos, comportamentos e ações; **resiliência**, para nos recuperarmos de adversidades; **aprendizado contínuo**, para termos disposição para aprender e nos atualizar; **proatividade**, para nos anteciparmos às mudanças; **tolerância à incerteza**, para conseguirmos funcionar efetivamente mesmo quando não temos todas as informações; e **mente aberta**, para aceitar novas ideias.

A **agilidade** envolve **flexibilidade**, para ajustarmos pensamentos, comportamentos e ações; **entrega incremental** de valor, para permitir *feedback* rápido e ganharmos velocidade; **colaboração**, para permitir conhecimento compartilhado e acelerarmos o processo de adaptação; **simplicidade**, para focar a mudança naquilo que realmente agrega valor ao processo e evitar desperdícios; e **melhoria contínua**, para aprimorar processos e práticas.

Assim, **adaptabilidade e agilidade são inter-relacionadas** e compartilham alguns elementos similares – como a reação à mudança e a valorização do aprimoramento contínuo. Apesar disso, elas são **conceitos distintos**, com focos e **escopos complementares** entre si. A adaptabilidade tem um foco amplo, relacionado à capacidade de a pessoa lidar com qualquer tipo de mudança, seja ela prevista ou não. Já a agilidade tem foco na entrega rápida e iterativa de valor, com ênfase em ciclos curtos e *feedback* constante. Chegamos, portanto, ao conceito de **adaptabilidade ágil**, que combina a adaptação à mudança de longo prazo com ciclos curtos para garantir rapidez e eficiência no processo.

A adaptação à mudança pode ser necessária em decorrência de inúmeros tipos de gatilho. Pensando no nível do indivíduo, o especialista em liderança John C. Maxwell elenca quatro razões pelas quais as pessoas mudam.[14] Segundo ele, as pes-

---

14   4 REASONS PEOPLE CHANGE – A lesson by Dr. John C. Maxwell. Level Up Your Life, 21 ago. 2022. Disponível em: https://www.youtube.com/watch?v=v2j2W_e2UZ8&t=12s. Acesso em: 10 mar. 2025.

soas mudam quando **sofrem o suficiente** e **precisam** mudar; quando **aprendem o suficiente** e **querem** mudar; quando **veem o suficiente** e **se inspiram** para mudar; e quando **ganham o suficiente** para **poder** mudar.[15]

Frequentemente, um dos maiores **obstáculos** que enfrentamos para conseguir mudar não é o desenvolvimento de novas habilidades, mas o **apego** por aquelas que já **dominamos ou possuímos**. Assim, desapego é um dos principais catalisadores estratégicos para a adaptabilidade ágil.

Buda nos ensina que "o apego é a raiz de toda mágoa". Podemos dizer aqui que ele é também o **maior inimigo para o nosso desenvolvimento em contextos de mudança acelerada**.

A adaptabilidade ágil **não se importa com aquilo que somos**, mas com aquilo que **necessitamos mudar** para nos transformarmos rapidamente **naquilo que precisamos ser**.

Colaboração

Um dos efeitos da aceleração da mudança é o crescimento no volume de informação, conhecimentos, tecnologias. Isso consequentemente aumenta a **complexidade** no ambiente de trabalho. Nesse tipo de contexto, soluções baseadas em **hierarquias de comando tendem a não mais funcionar**,

---

15 A frase original de Maxwell não inclui o "enxergam o suficiente", que ele acrescenta posteriormente no vídeo disponível em: https://www.instagram.com/reel/Cmg4I02Dn6G/?igshid=MDJmNzVkMjY=. Acesso em: 3 mar. 2025.

requerendo **colaboração** e **distribuição de poder** para dar resultados. Vejamos.

Complexidade, de uma forma simples, refere-se à característica de algo que tem **muitas partes interconectadas ou elementos**, de modo que se torna difícil **compreendê-lo**, **prever** seu comportamento ou **gerenciá-lo** completamente. Pode-se pensar na complexidade como a teia de interações e relações que fazem com que um sistema ou problema tenha **comportamentos imprevisíveis** ou **resultados surpreendentes** que **não são óbvios** a partir das partes individuais. Por exemplo, pensando em uma grande cidade, ela tem pessoas, trânsito, sistemas de comunicação, economia e o ambiente natural, todos interagindo de maneiras que podem ser difíceis de entender completamente ou prever, tornando a cidade um sistema complexo.

Devido a vários fatores – como a globalização, o avanço tecnológico, o aumento das interconexões sociais e econômicas e a crescente interdependência entre sistemas humanos e naturais –, a **complexidade no mundo está aumentando**. À medida que mais sistemas se entrelaçam, as interações entre diferentes componentes se tornam mais dinâmicas e imprevisíveis, aumentando a complexidade. Isso significa que **desafios globais**, como **mudanças climáticas**, **gestão de recursos** e **integração tecnológica**, tornam-se mais complexos, na medida em que envolvem uma ampla gama de variáveis e fatores interconectados os quais influenciam uns aos outros de maneiras não lineares.

Como os ambientes complexos são tipicamente caracterizados pela **interconexão** e pela **interdependência** entre diversos componentes ou atores, as **ações de um elemento podem ter efeitos imprevisíveis** e **em cascata sobre os outros**.[16] Isso torna os desafios que eles apresentam **difíceis de serem abordados** por indivíduos ou entidades **isoladamente**, fazendo com que a **colaboração** assuma um papel central para a sua solução. Esse fato faz dela uma ferramenta poderosa para lidar com a complexidade, permitindo a combinação de diferentes habilidades, conhecimentos e recursos, promovendo inovação, resiliência, gestão eficaz, aprendizado coletivo e ampliação do impacto, que são cruciais para navegar e prosperar em ambientes complexos. Vejamos.

- **FACILITAÇÃO DA INOVAÇÃO.** A inovação é crucial em ambientes complexos porque eles são dinâmicos e imprevisíveis, exigindo soluções que possam lidar com a interconexão e a mudança contínua. A inovação nos permite quebrar padrões antigos, criar abordagens e tecnologias para **resolver problemas** e **explorar oportunidades** que surgem das interações complexas dentro desses ambientes. Ela nos proporciona as ferramentas para nos adaptarmos, responder rapidamente a mudanças, melhorar processos e produtos e, em última instância, garantir a sustentabilidade e o crescimento a longo prazo. Nesse sentido, a **colaboração** promove a **troca de ideias e experiências entre diferentes partes**, o que é crucial para a inovação. A diversidade de perspectivas e habilidades permite que soluções criativas e fora do padrão sejam desenvolvidas, abordando problemas complexos de maneiras que não seriam possíveis isoladamente.

---

16 Isso se aplica tanto a sistemas naturais (como ecossistemas) quanto a sistemas humanos (como organizações e sociedades).

- **RESILIÊNCIA E ADAPTABILIDADE.** A capacidade de nos adaptarmos a mudanças e superar adversidades (resiliência) é vital em meio à complexidade, porque esse tipo de ambiente está sempre mudando e pode apresentar desafios inesperados. Nesse sentido, a **colaboração** entre diferentes atores pode levar ao desenvolvimento de estratégias mais robustas e flexíveis, já que as **soluções são informadas** por uma gama mais ampla de experiências e conhecimentos.

- **GESTÃO DE RECURSOS.** A **eficácia** nesse quesito é outra vantagem da colaboração. Em situações de recursos limitados ou que precisem ser otimizados, a colaboração permite que diferentes partes **compartilhem recursos, reduzindo redundâncias** e **maximizando a eficiência** na utilização deles.

- **FACILITAÇÃO DA APRENDIZAGEM COLETIVA.** Em ambientes complexos, as situações estão em constante mudança e apresentam interações que são frequentemente imprevisíveis. Por isso, aprendizado contínuo e adaptação são habilidades essenciais na complexidade. Nesse sentido, a colaboração estimula a aprendizagem coletiva ao permitir que os **participantes compartilhem lições aprendidas, sucessos** e **fracassos**. Isso não apenas **acelera o processo de aprendizagem** individual como também **constrói uma base de conhecimento comum** que beneficia todos os envolvidos.

- **AMPLIAÇÃO DE IMPACTO.** A colaboração pode ampliar significativamente o impacto das ações, pois, em contextos complexos, nos quais os problemas são multifacetados e interconectados, as **soluções isoladas muitas vezes**

têm impacto limitado. A colaboração permite a coordenação de esforços, garantindo que as **ações sejam complementares e sinérgicas**, permitindo a ampliação de seu impacto geral.

Uma analogia poderosa que nos ajuda a enxergar como apenas **soluções baseadas** em **colaboração**, e não mais em hierarquias de comando, conseguem dar resultado em ambientes complexos é a comparação do funcionamento entre a **aranha** e a **estrela-do-mar** descrita no livro *The Starfish and the Spider*, de Ori Brafman e Rod A. Beckstrom (2008). A aranha é um animal com estrutura hierárquica de funcionamento, em que a cabeça comanda o corpo. Se você corta a cabeça, a aranha morre. Entretanto, a estrela-do-mar é um animal com estrutura de comando complexa, distribuída ao longo do corpo. Se você a corta ao meio, ela não apenas não morre como se regenera e nascem duas. Assim, ao tentar vencer **problemas complexos** com estratégias tradicionais hierárquicas, não apenas não conseguimos solucioná-los como também (e principalmente) **tendemos a piorá-los**. O livro apresenta dois casos reais que ilustram tentativas frustradas de vencer a complexidade por meio de soluções hierárquicas tradicionais as quais, posteriormente, evoluíram para estratégias que envolveram colaboração para dar resultados. Vejamos.

- **CONQUISTA ESPANHOLA DAS AMÉRICAS.** Os europeus, liderados por Hernán Cortés, conseguiram derrotar rapidamente o Império Asteca ao capturar o seu líder, Montezuma – como eles eram centralizados, a sua estrutura organizacional entrou em colapso. Em contraste, quando os europeus tentaram subjugar os indígenas Pueblo, que possuíam estrutura social descentralizada, a resistência continuou, mesmo depois de muitos líderes terem sido capturados ou mortos. Sem um líder central ou uma estrutura, a organização descentralizada pode continuar a operar e se adaptar, tornando-se mais resistente a ataques externos.

- **SURGIMENTO DA INDÚSTRIA DIGITAL DE MÚSICA.** Até o início do século XXI, a indústria da música foi dominada por grandes gravadoras, que controlavam a produção, a distribuição e a venda de música (aranhas). No entanto, com a ascensão das tecnologias digitais e de plataformas de compartilhamento de arquivos, como o Napster, um modelo descentralizado (estrela-do-mar) emergiu. Essas plataformas permitiam que os usuários compartilhassem músicas entre si, contornando as estruturas hierárquicas das gravadoras. A indústria tentou combatê-las por meio de estratégias tradicionais de processos legais, que não apenas não solucionaram o problema como também o agravaram, pois, cada vez que um serviço de compartilhamento era fechado, um novo, ainda melhor, surgia no seu lugar. Nessa guerra, saiu vencedora uma empresa de fora da indústria de música, que viu uma oportunidade nessa transformação: a Apple. Em vez de brigar com a complexidade do sistema descentralizado, ela introduziu o iPod e o iTunes, criando estrategicamente uma plataforma que oferecia recursos para extrair valor da descentralização e da complexidade por meio da participação de todos.

Em **ambientes complexos**, portanto, as **estratégias vencedoras emergem da colaboração, e não do controle hierárquico**. Por isso, quanto mais complexo o mundo se torna, mais relevante passa a ser a habilidade de saber **colaborar**, pois ela promove a troca de informações e conhecimentos entre indivíduos, grupos ou organizações que possuem visões e expertises distintas, possibilitando **melhorar a compreensão das partes** para solucionar o todo. Esse processo é favorecido pela **diversidade** entre os colaboradores, pois, quanto mais diversos forem os perfis colaborando, mais perspectivas distintas serão adicionadas para contribuir para a compreensão e a resolução. Além de esse processo ajudar a vencer a complexidade, as soluções geradas por meio de colaboração tendem a ser melhores por considerarem múltiplos pontos de vista, enriquecendo a obtenção de informações para a tomada de decisão.

Em suma, a **colaboração** refere-se ao **ato de trabalhar com outros para alcançar um objetivo comum**. Nesse sentido, envolve a partilha de conhecimentos, recursos e responsabilidades para realizar tarefas e solucionar problemas. Dessa forma, a colaboração depende de inúmeras outras habilidades e atitudes, como **comunicação, escuta ativa,**[17] **empatia,**[18] **flexibilidade, gestão de conflitos,**[19] **trabalho em equipe,**

---

17 Capacidade não apenas de ouvir mas também de compreender e interpretar a mensagem do interlocutor, fazendo perguntas quando necessário e demonstrando empatia.

18 Capacidade de entender e considerar as perspectivas, os sentimentos e as necessidades dos outros.

19 Habilidade de reconhecer, abordar e resolver disputas de maneira construtiva.

responsabilidade pessoal,[20] **tomada de decisão conjunta,**[21] **habilidades interpessoais,**[22] **organização e planejamento,**[23] **habilidades de** *feedback*,[24] **conhecimento específico,**[25] **respeito e valorização da diversidade,**[26] **negociação** e, como não poderia deixar de ser, **pensamento crítico**.

Como a **colaboração** tem o seu desenvolvimento integrado com inúmeros outros conhecimentos e habilidades, ela requer **esforço atento** ao contexto e **contínuo** para que se realize.

Resiliência

Existe um pensamento cuja autoria é incerta, mas que reflete bem a resiliência: "Não é sobre esperar a tempestade passar; é sobre aprender a dançar na chuva". A palavra "resiliência" vem do termo latino *resilire*, que significa "voltar atrás" ou "reverter". Originalmente, no contexto da física, o termo refere-se à capacidade que um material apresenta para retornar à sua forma original, após ser submetido a algum tipo de

---

20 Capacidade de assumir responsabilidade pelas próprias ações e pelo sucesso ou fracasso da colaboração.

21 Capacidade de trabalhar com outros para chegar a conclusões ou decisões compartilhadas.

22 Capacidade de construir relacionamentos positivos, respeitar os outros e trabalhar bem em um ambiente de equipe.

23 Capacidade de coordenar esforços, definir metas claras e planejar como alcançá-las.

24 Capacidade de dar e receber *feedback* de maneira construtiva, visando à melhoria contínua e à resolução de problemas.

25 Conhecimento necessário para contribuir no processo de colaboração.

26 Capacidade de respeitar e valorizar diferentes culturas, pontos de vista e experiências.

deformação, quando o agente transformador é removido. Um material resiliente, portanto, é aquele que pode sofrer uma deformação e, depois, voltar ao seu estado original sem qualquer dano permanente. As molas são um exemplo.

Na psicologia e nas ciências sociais, o conceito de resiliência foi adaptado para descrever a **capacidade humana** de enfrentar, superar e emergir mais forte de adversidades ou traumas. Assim, uma pessoa resiliente é aquela que, diante de dificuldades, consegue se recuperar e, muitas vezes, crescer com a experiência. Daí o uso frequente da frase "O que não me mata me fortalece"[27] para expressar a ideia de que as adversidades e os desafios enfrentados podem aumentar a resiliência e fortalecer o caráter de uma pessoa.

A resiliência torna-se, assim, uma habilidade essencial em períodos de grandes transformações, pois capacita os indivíduos a se adaptarem melhor às mudanças e aos desafios. Além disso, ela traz benefícios pessoais[28] que não se limitam à sobrevivência após uma mudança, contribuindo para a saúde mental, o crescimento pessoal, as relações saudáveis e a recuperação após adversidades.[29]

No âmbito **profissional**, a resiliência refere-se à capacidade de uma pessoa de responder e se adaptar a mudanças abruptas, adversidades ou crises, mantendo suas funções essenciais e

---

27 Frase de Nietzsche, em sua obra *Crepúsculo dos ídolos*.

28 WALSH, Bari. The Science of Resilience. **Harvard Graduate School of Education**, 23 mar. 2015. Disponível em: https://www.gse.harvard.edu/ideas/usable-knowledge/15/03/science-resilience. Acesso em: 10 mar. 2025.

29 THE RELATIONSHIP BETWEEN Resilience and Mental Health. **Uprise Health**, 6 jul. 2022. Disponível em: https://uprisehealth.com/resources/the-relationship-between-resilience-and-mental-health/. Acesso em: 10 mar. 2025.

se recuperando de forma eficaz. Isso inclui a habilidade de enfrentar e se adaptar a interrupções econômicas, desastres naturais, mudanças no mercado e crises tecnológicas, entre outras situações.

Considerando o contexto atual, altamente desafiador, criado pelas transformações contínuas que a velocidade acelerada de mudança impõe, a resiliência – tanto individual quanto corporativa – é uma habilidade estratégica cada vez mais relevante para conseguirmos avançar, funcionando como a base sólida sobre a qual todas as outras habilidades são construídas.

No entanto, o processo para desenvolver ou fortalecer a resiliência é **desafiador**, pois ela é determinada por inúmeros fatores estruturais que constituem um indivíduo, **requerendo esforço consciente e constante** para mudá-los. Esses desafios incluem experiência de vida,[30] fatores biológicos,[31] ambiente e suporte social,[32] habilidades de enfrentamento,[33] crenças

---

30 Algumas pessoas enfrentaram adversidades significativas desde cedo na vida, o que pode tornar mais difícil, para elas, o desenvolvimento de uma mentalidade resiliente. Elas podem ter aprendido a reagir às situações com medo, ansiedade ou desesperança, e não com resistência e otimismo.

31 Algumas pessoas podem ser geneticamente predispostas a reagir mais fortemente ao estresse ou a ter dificuldade em se recuperar de experiências negativas.

32 Um ambiente de apoio pode ajudar na construção da resiliência, mas nem todos têm acesso a um sistema de apoio sólido. Isso pode incluir família, amigos, comunidade ou serviços de saúde mental.

33 A resiliência muitas vezes envolve habilidades de enfrentamento eficazes. Se alguém não teve a oportunidade de aprender ou praticar essas habilidades, pode achar mais difícil lidar com o estresse e os desafios.

e atitudes,[34] traumas e saúde mental,[35] educação e conheci-mento,[36] estilo de vida e hábitos,[37] flexibilidade cognitiva[38] e expectativas irreais,[39] entre outros.

No entanto, apesar dos desafios, a **resiliência** é uma habili-dade que **pode ser aprendida**, **desenvolvida** e **fortalecida** ao longo do tempo com prática e apoio, por meio de estratégias como as explicadas a seguir.

- **RELAÇÕES SOCIAIS.** Participar de ambientes em que a cul-tura é resiliente favorece o desenvolvimento da resi-liência. Um exemplo é o contexto de prática de esportes e exercícios. Cultivar relações com amigos e familiares que fornecem suporte emocional e prático também favorece a resiliência, pois eles podem funcionar como um amortecedor contra o estresse.

- **AUTOCUIDADO.** Cuidar de si mesmo (o que inclui atividade física regular, alimentação saudável, sono adequado e práticas de relaxamento como meditação ou ioga)

---

34 A maneira como uma pessoa vê o mundo e a si mesma pode impactar sua resiliência. Crenças limitantes, pessimismo e uma mentalidade fixa podem impedir alguém de ser resiliente.

35 Experiências traumáticas e questões de saúde mental podem afetar a capacidade de uma pessoa de ser resiliente. Traumas não resolvidos, depressão, ansiedade e outros problemas de saúde mental podem tornar mais difícil enfrentar adversidades e se recuperar delas.

36 Algumas pessoas podem simplesmente não ter sido expostas a conceitos de resiliência. A falta de educação sobre como desenvolver resiliência pode ser um obstáculo.

37 Fatores como falta de sono, má alimentação, sedentarismo e uso de substâncias podem impactar negativamente a resiliência.

38 A capacidade de adaptar o pensamento e as perspectivas a novas informações ou situações é crucial para a resiliência. Pessoas com menor flexibilidade cognitiva podem ter mais dificuldade em se adaptar a mudanças e desafios.

39 Ter expectativas irreais sobre a vida ou sobre si mesmo pode levar à decepção e à dificuldade de se recuperar de contratempos.

melhora as condições de saúde para suportar desafios, atributo fundamental para aumentar a resiliência.

- **RESOLUÇÃO DE PROBLEMAS.** Desenvolver habilidades de resolução de problemas de forma ativa, em vez de evitá-los, permite uma melhor performance no enfrentamento de adversidades, tornando-nos, portanto, mais resilientes.

- **AUTOCONHECIMENTO.** Conhecer nossos pontos fortes e nossas fraquezas, além de aprender estratégias para reagir ao estresse, permite calibrar expectativas e melhorar o desempenho nos aspectos em que isso se faz necessário para lidar com situações desafiadoras, contribuindo para o aumento da resiliência.

- **APRENDIZADO CONTÍNUO.** Ela nos torna aptos a lidar com as transformações e mudanças, favorecendo a resiliência. Nesse sentido, a habilidade de alfabetização tecnológica é um dos aprendizados mais significativos, pois a tecnologia pode oferecer recursos valiosos para o aumento da resiliência individual: ela pode contribuir para a melhora de todas as estratégias de fortalecimento da resiliência: as relações sociais (por exemplo, sistemas de redes sociais, *networking*); o autocuidado (por exemplo, aplicativos de monitoramento do sono, exercícios, alimentação, meditação); a resolução de problemas (por exemplo, cursos on-line, *networking*); o autoconhecimento (por exemplo, sistemas inteligentes de autoavaliação, meditação, acompanhamento terapêutico), e a aprendizagem contínua (por exemplo, cursos on-line, aplicativos de educação, redes de apoio).

É importante ressaltar também que, apesar de a resiliência ser útil e um traço altamente adaptativo, ela tende a se tornar problemática quando em excesso,[40] pois pode tornar as pessoas excessivamente tolerantes à adversidade. Isso pode levar os indivíduos a suportarem situações de trabalho tediosas ou desmoralizantes por mais tempo do que necessário. Além disso, o excesso de resiliência pode afetar a efetividade da liderança e, consequentemente, de times e da própria organização. Múltiplos estudos sugerem que líderes ousados demais são inconscientes de suas limitações e superestimam suas capacidades correntes de liderança e performance, tornando-se rigidamente ou delirantemente resilientes e fechados para informações que poderiam ser imperativas para solucionar ou, ao menos, melhorar a sua fraqueza comportamental.

Assim, a **resiliência excessiva** refere-se a essas situações em que a pessoa ou a organização se esforça tanto para ser resiliente que acaba **negligenciando outras necessidades importantes**, como bem-estar emocional, descanso ou adaptação estratégica. Em algumas situações, a tentativa de se manter sempre forte ou constantemente se adaptar a situações adversas sem o descanso adequado pode levar a exaustão, estresse crônico ou resistência a mudanças necessárias. Nesse sentido, algumas estratégias podem ser utilizadas para mitigar os efeitos negativos do excesso de resiliência. No caso de indivíduos, essas iniciativas incluem consciência

---

40 CHAMORRO-PREMUZIC, Tomas; LUSK, Derek. The Dark Side of Resilience. **Harvard Business Review**, 16 ago. 2017. Disponível em: https://hbr.org/2017/08/the-dark-side-of-resilience. Acesso em: 10 mar. 2025.

dos limites da resiliência,[41] equilíbrio entre trabalho e lazer,[42] descanso adequado,[43] pedir ajuda[44] e reavaliação de expectativas.[45] Para organizações, podemos citar cultura de bem-estar,[46] reconhecimento de sinais de esgotamento,[47] flexibilidade,[48] *feedback* e comunicação[49] e priorização estratégica.[50]

Portanto, resiliência não deve ser sobre negar **vulnerabilidades** ou ignorar necessidades emocionais e físicas, mas sobre **equilibrar força e adaptabilidade com autocuidado e apoio.**

---

41   Reconhecer que ser resiliente não significa ser invulnerável, entendendo e aceitando seus próprios limites.

42   Priorizar um equilíbrio saudável entre trabalho e vida pessoal inclui tempo para relaxamento, *hobbies* e conexões sociais.

43   Garantir descanso e recuperação adequados, pois são essenciais para manter a saúde mental e física, além da própria resiliência.

44   Não hesitar em buscar apoio de amigos, familiares ou profissionais quando necessário.

45   Ajustar expectativas e reconhecer que nem todas as situações exigem uma resposta resiliente, pois alguns cenários podem requerer mudanças ou até a aceitação de que certos aspectos estão fora de controle.

46   Fomentar uma cultura organizacional que valorize o bem-estar dos funcionários tanto quanto a produtividade e a resiliência.

47   Ter atenção aos sinais de esgotamento entre os colaboradores e tomar medidas para abordá-los, como oferecer folgas ou apoio em saúde mental.

48   Permitir flexibilidade no trabalho, considerando que diferentes funcionários podem ter diferentes limites e necessidades.

49   Encorajar uma comunicação aberta e honesta sobre as dificuldades enfrentadas pelos funcionários e responder adequadamente a esses *feedbacks*.

50   Avaliar constantemente objetivos e estratégias para garantir que a organização não esteja apenas resistindo como também fazendo escolhas estratégicas efetivas.

Comunicação

A **habilidade de comunicação** funciona como um elemento central que **conecta e potencializa as demais habilidades**, pois, sem comunicação eficaz, outras habilidades podem perder parte de sua aplicação prática, já que a capacidade de **expressar**, **compartilhar** e **colaborar** é essencial em qualquer contexto profissional e social. Vejamos por quê.

- **COMUNICAÇÃO E COLABORAÇÃO.** A colaboração depende diretamente de uma comunicação clara, aberta e empática. Trabalhar em equipe, especialmente em ambientes diversos e remotos, exige habilidades de escuta ativa, troca de ideias e alinhamento de objetivos, que requerem comunicação eficiente para facilitar o entendimento mútuo, a redução de conflitos e o aumento da produtividade em projetos colaborativos.

- **COMUNICAÇÃO E PENSAMENTO CRÍTICO.** O questionamento é um dos pilares do pensamento crítico que requer comunicação, a fim de que argumentos e dados sejam apresentados de forma clara e para defender ideias com lógica e persuasão.

- **COMUNICAÇÃO E CRIATIVIDADE.** A comunicação permite compartilhar ideias, inspirar pessoas e promover *brainstormings* produtivos, incentivando o processo criativo.

- **COMUNICAÇÃO E ADAPTABILIDADE.** A capacidade de comunicar e discutir mudanças possibilita engajar pessoas, minimizando resistências e favorecendo a adaptabilidade.

- **COMUNICAÇÃO E APRENDIZADO CONTÍNUO.** Saber fazer perguntas, buscar *feedback* e explicar ideias a outras pessoas são aspectos centrais da aprendizagem contínua e requerem habilidades de comunicação.

- **COMUNICAÇÃO E RESILIÊNCIA.** Por meio da comunicação, é possível construir redes de apoio, expressar emoções, buscar ajuda de forma assertiva e aprender com *feedback* e experiências compartilhadas. Dessa maneira, ela auxilia o enfrentamento de adversidades e contribui para a resiliência.

Além disso, com a disseminação da **IA generativa** no ambiente de trabalho, a comunicação passa a ser fundamental também para conseguirmos utilizar a **inteligência artificial**. Conforme a IA tem avançado, temos precisado cada vez menos de habilidades de programação e cada vez mais de comunicação para elaborar perguntas e manter diálogos com a máquina. Portanto, quanto melhor for a habilidade de comunicação do profissional, maior tenderá a ser a sua articulação no ambiente digital inteligente que emerge.

Letramento em futuros

Os nossos **resultados** na vida são determinados por três **níveis estratégicos** fundamentais: **visão**, **planejamento** e **execução**. A visão dá a direção, o planejamento traça o mapa e a execução realiza.

Sem visão, não existe destino; **sem planejamento**, não existe caminho; **sem execução**, não existe resultado. Ao longo da História, impérios foram construídos e destruídos entre **visões, planejamentos e execuções**, ensinando-nos que o **grau de sucesso** (ou de fracasso) de uma estratégia vem tanto da **qualidade individual** de cada um desses **níveis** quanto da sua **orquestração** (figura 3.2).

Assim:

- **visão** e/ou **planejamento** SEM **execução** é apenas SONHO, não se realiza;
- **execução** SEM **visão** e/ou **planejamento** torna-se PESADELO, confunde;
- **execução** de **planejamento** COM **visão** é ESTRATÉGIA, permite concretizar.

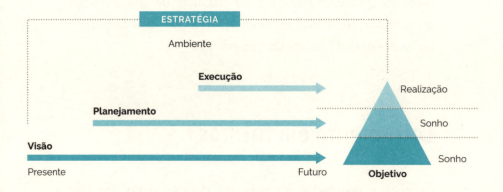

Figura 3.2 Impactos das dimensões fundamentais estratégicas (visão, planejamento e execução) no resultado.

Quanto melhor **afinarmos** esses três níveis, maiores se tornarão as nossas chances de **sucesso** nesse **fluxo completo de realização**: concepção (visão), organização (planejamento) e realização prática (execução).

Nesse sentido, pensando mais especificamente no desenvolvimento profissional, a **habilidade de visão de futuros** tem se tornado cada vez mais necessária conforme a velocidade da mudança aumenta, pois as informações do presente deixam de ser suficientes para decidirmos sobre o futuro. A capacidade de traçar cenários e enxergar possibilidades futuras fundamentadas em métodos adequados complementa, assim, a habilidade de pensamento crítico, **contribuindo significativamente para a tomada de decisão informada**.

Com isso, a habilidade de **letramento em futuros** tem adquirido uma importância tal que dedicaremos um capítulo exclusivo para ela mais à frente, no final no livro.

Decifrando o mapa

Como vimos, o mapa do tesouro trouxe explicações sobre como cada habilidade favorece o preparo e a adaptação profissional para nos mantermos relevantes. Completaremos as discussões sobre pensamento crítico nos capítulos 4 e 5, e sobre letramento em futuros no capítulo 6.

Mas, para além das explicações e orientações do mapa, encontrar o tesouro exige que estejamos dispostos a **agir** (executando cada etapa, caminhando passo a passo) e a cavar, para desenterrá-lo.

Assim, a partir do momento que sabemos quais são as habilidades para o futuro e como elas funcionam, precisamos de esforço e disciplina para desenvolvê-las, gradativa e continuamente, a fim de que se manifestem e contribuam para a evolução profissional.

A HABILIDADE ZERO

No contexto atual, paradoxalmente, conforme precisamos cada vez mais de pensamento crítico, ele tem se tornado cada vez mais escasso. E a inteligência também.

"

Por que ler este capítulo.
Assista:

Nada, ao longo da História, poderia expressar melhor a essência do **pensamento crítico** do que a filosofia de vida que **Sócrates** defendeu há quase 2.500 anos e pela qual morreu em 399 a.C.

A *Apologia de Sócrates*, obra escrita por Platão após a morte do filósofo grego, expõe a narrativa do discurso de Sócrates durante a sua autodefesa no julgamento em que era acusado de negar a existência dos deuses e, assim, corromper os jovens. Nesse contexto, Sócrates proferiu uma das suas mais famosas frases: "**A vida não examinada não vale a pena ser vivida**". Essa citação destaca a profunda crença dele na importância da **busca** pelo **conhecimento**, pela **compreensão** e pela **virtude**. Para Sócrates, a vida não examinada se referia a uma vida vivida sem **questionamento, reflexão** e **autocompreensão**. Assim, sem a busca contínua por conhecimento e entendimento sobre o que é **verdadeiro** e **justo**, a vida seria desperdiçada. Sócrates foi condenado por defender esse posicionamento até o fim, por isso a sua morte é frequentemente lembrada como um martírio pela **liberdade de expressão** e pelo **direito de buscar a verdade**, independentemente das convenções sociais, tornando-se um símbolo de **integridade** e **compromisso com a verdade**.

Porém, de lá para cá, além de desperdiçar a vida, a ausência de pensamento crítico passou gradativamente a ser também perigosa e, cada vez mais, inadmissível.

Neste capítulo, vamos nos debruçar sobre o pensamento crítico: a habilidade zero, a base para todas as demais.

A nossa bússola para navegar em um mundo complexo e acelerado

Vimos anteriormente que, para nos prepararmos e avançarmos para o futuro que se impõe, precisamos desenvolver diversas habilidades fundamentais e nos transformarmos continuamente. No entanto, para começar esse processo, é necessário compreender e avaliar inúmeros parâmetros, que direcionarão as melhores escolhas. Nesse sentido, precisamos fazer várias perguntas: "Por onde começar?", "Devo optar por alguma habilidade primeiro ou evoluir simultaneamente com todas?", "Qual a habilidade que me trará mais benefícios no meu contexto atual?", "O que preciso aprender em cada habilidade?", "Quais tecnologias melhorariam a minha simbiose tecnológica para me alavancar?", e assim por diante.

Portanto, antes de desenvolver qualquer outra habilidade, seja ela qual for, precisamos ter a competência de buscar **compreensão, conhecimento e virtude**, por meio de **questionamento, reflexão e autocompreensão**. De buscar a **verdade**, independentemente das convicções sociais. Em outras palavras, a primeira habilidade que precisamos desenvolver para, aí sim, conseguirmos tomar decisões para encontrar o melhor caminho para desenvolver as outras é o pensamento crítico. É ele que nos ajudará a direcionar as demais habilidades. Vejamos.

- **CRIATIVIDADE.** A criatividade é a mãe da arte e da expressão da humanidade. Ela é a força motriz do novo. Ela nos permite enxergar o que não existe, imaginar o que poderia haver, expandindo ilimitadamente o nosso ser. No entanto, sem pensamento crítico, a criatividade não tem direcionamento para solucionar problemas. Além disso, há tempos que a criatividade não é mais uma habilidade exclusiva de seres vivos, com as máquinas se tornando gradativamente mais criativas e, em alguns casos, vencendo a criatividade humana.[1] Por isso, nós humanos precisamos do pensamento crítico também para conseguir combinar a nossa criatividade, atuando com elas. Assim, pensar criticamente é parte fundamental da criatividade no processo de geração de ideias direcionadas à solução de problemas; de avaliação e combinação de ideias; de avaliação da qualidade

---

1   WHAT ALPHAGO'S SLY Move Says About Machine Creativity. **The Washington Post**, 15 mar. 2016. Disponível em: https://www.washingtonpost.com/news/innovations/wp/2016/03/15/what-alphagos-sly-move-says-about-machine-creativity/. Acesso em: 10 mar. 2025.

e de fontes de informações para enriquecer o processo criativo e assim por diante.

- **ALFABETIZAÇÃO TECNOLÓGICA.** Como podemos abraçar a tecnologia, nos misturar com ela, criando um processo simbiótico, incorporando suas habilidades para nos ampliar, sem pensar criticamente? Não é possível. Precisamos do pensamento crítico para ajudar na detecção e na avaliação das tecnologias emergentes; na análise e na combinação de tecnologias para ampliação dos nossos resultados; na comparação entre tecnologias e seus impactos, etc.

- **ADAPTABILIDADE E FLEXIBILIDADE.** Aqui o pensamento crítico é indispensável para a detecção e a análise de agentes de transformação; a avaliação de paradigmas e suas mudanças, direcionando a adaptabilidade; a análise da matriz de priorização de demandas de adaptação, etc.

- **COLABORAÇÃO.** No processo colaborativo, pensar criticamente é a base para a avaliação das possibilidades de colaboração; a busca por caminhos de soluções colaborativas; a análise do impacto das possíveis colaborações no resultado, etc.

- **RESILIÊNCIA.** Para se tornar resiliente, é necessário saber avaliar impactos, ameaças e incidentes que possam prejudicar a sustentabilidade ou a integridade individual, social ou organizacional, e analisar e tomar decisões para escolher ações que contribuam para o aumento da resiliência. O pensamento crítico fundamenta essas análises e, quanto melhor ele for nesse processo, maior tenderá a ser a resiliência alcançada.

Em suma, o pensamento crítico é a pedra angular, a fundação, o principal instrumento não apenas para desenvolver qualquer habilidade, mas também para direcionar e ajudar a extrair **sentido** da complexidade. Ele é a nossa bússola, a nossa carta de navegação e descobertas desse mundo incerto, ambíguo, complexo e acelerado.[2] Além disso, até que as máquinas atinjam o nível humano de inteligência[3] (Artificial General Intelligence ou AGI), o pensamento crítico é uma das principais habilidades que nos distingue delas (figura 4.1) e, particularmente, aquela que tende a determinar o nosso futuro, pois é por meio dele que tomaremos as nossas decisões para nos desenvolvermos e convivermos com elas.

---

2 Conceito VUCA: volátil, incerto (*uncertain*), complexo e ambíguo.
3 Letramento em inteligência artificial e discussão sobre os níveis de inteligência de máquina podem ser estudados no livro *Inteligência artificial: do zero a superpoderes*.

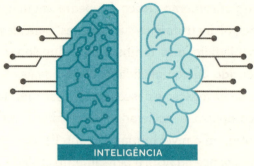

Figura 4.1 Comparativo entre as forças das inteligências artificial e humana.

Admitindo, portanto, que o pensamento crítico é um **recurso cada vez mais valioso e essencial** para o profissional do futuro, temos nos deparado com um **desafio fenomenal**: no contexto atual, paradoxalmente, conforme precisamos cada vez mais de pensamento crítico, ele tem se tornado cada vez mais escasso. E a inteligência, também.

Ascensão e queda da inteligência

A maior vantagem competitiva da humanidade ao longo da História foi o aumento da sua inteligência. Não somos os mais rápidos, nem os mais fortes ou os mais antigos habitantes do planeta, mas, graças à inteligência, conseguimos nos adaptar mais rapidamente, além de transformar o ambiente ao nosso redor e vencer leis naturais que nos regem. Por exemplo, voamos sem ter asas; enxergamos galáxias, mesmo sem ter olhos capazes de fazê-lo; viajamos nas profundezas dos oceanos sem possuir guelras ou nadadeiras; dentre as infindáveis conquistas que alcançamos ao longo do tempo. Conforme evoluímos, mais inteligentes e poderosos fomos nos tornando... século a século, década a década, ano a ano... até que não mais. Na segunda metade do século XX, vemos uma reversão nesse fenômeno de inteligência crescente – desde então, a inteligência geral do ser humano parece estar diminuindo.

Desde a sua criação em 1905, o teste de QI[4] tem sido o instrumento mais utilizado para medir a inteligência humana. Sabemos que a inteligência não é algo simples de mensurar e quantificar, pois se apresenta de múltiplas formas e utiliza diversos tipos de recurso para se manifestar. Assim, fica claro que o QI não indica as várias dimensões da inteligência ou o valor de um indivíduo e tampouco é capaz de determinar o seu sucesso na vida. No entanto, apesar das críticas

---

4   BRAATEN, Ellen B.; NORMAN, Dennis. Intelligence (IQ) Testing. **Pediatrics in Review**, v. 27, n. 11, nov. 2006. Disponível em: https://publications.aap.org/pediatricsinreview/article-abstract/27/11/403/34094/Intelligence-IQ-Testing?redirectedFrom=fulltext. Acesso em: 10 mar. 2025.

e limitações que apresenta, ele consegue medir a cognição básica do ser humano: a sua capacidade de executar as funções mentais elementares que formam a fundação para todas as outras. Portanto, ele funciona como um mínimo denominador comum da inteligência e, por esse motivo, pode ajudar a enxergar a evolução (ou involução) da inteligência.[5]

Durante o século XX, estudos apontaram que o QI aumentou consistentemente no mundo todo[6] em média 3 pontos por década – fenômeno conhecido como **efeito Flynn**. No entanto, evidências na mensuração do QI em pessoas no Reino Unido, na Dinamarca e na Austrália passaram a mostrar declínios, indicando uma reversão do processo, batizada de **efeito Flynn reverso**. A situação se agravou em um estudo[7] realizado pela Universidade de Hartford,

---

5   GARATTONI, Bruno; SZKLARZ, Eduardo. A era da burrice. **Superinteressante**, 24 set. 2018. Disponível em: https://super.abril.com.br/especiais/a-era-da-burrice/. Acesso em: 10 mar. 2025.

6   FLYNN, James. Por que nossos níveis de QI são mais elevados que dos nossos avós. **TED Talk**, 26 set. 2013. Disponível em: https://www.youtube.com/watch?v=9vpqilhW9uI. Acesso em: 10 mar. 2025.

7   GRIFFITHS, Sarah. Are We Becoming More STUPID? IQ Scores Are Decreasing – And Some Experts Argue It's Because Humans Have Reached their Intellectual Peak. **Daily Mail Online**, 21 ago. 2014. Disponível em: https://www.dailymail.co.uk/sciencetech/article-2730791/Are-STUPID-Britons-people-IQ-decline.html. Acesso em: 10 mar. 2025.

na Austrália, que apontou que **o QI no mundo vem diminuindo** há muito mais tempo (figura 4.2).[8]

Figura 4.2 Gráfico representando a queda do QI mundial desde 1950, com base em estudo da Universidade de Hartford.

Fonte: adaptado de GRIFFITHS, Sarah. Are We Becoming More STUPID? IQ Scores Are Decreasing – And Some Experts Argue It's Because Humans Have Reached their Intellectual Peak. **Daily Mail Online**, 21 ago. 2014. Disponível em: https://www.dailymail.co.uk/sciencetech/article-2730791/Are-STUPID-Britons-people-IQ-decline.html. Acesso em: 10 mar. 2025.

Existem diversas explicações tanto para o crescimento do QI até meados do século XX quanto para a sua queda desde então.

---

8   WOODLEY, Michael A.; TE NIJENHUIS, Jan; MURPHY, Raegan. Were the Victorians Cleverer than Us? The Decline in General Intelligence Estimated from a Meta-analysis of the Slowing of Simple Reaction Time. **Intelligence**, v. 41, n. 6, nov.-dez. 2014. Disponível em: https://www.sciencedirect.com/science/article/abs/pii/S0160289613000470. Acesso em: 10 mar. 2025; COOPER-WHITE, Macrina. People Getting Dumber? Human Intelligence Has Declined Since Victorian Era, Research Suggests. **HuffPost**, 22 maio 2013. Disponível em: https://www.huffpost.com/entry/people-getting-dumber-human-intelligence-victoria-era_n_3293846. Acesso em: 10 mar. 2025; LYNN, Richard; HARVEY, John. The Decline of the World's IQ. **Intelligence**, v. 36, n. 2, mar.-abr., 2008. Disponível em: https://www.sciencedirect.com/science/article/abs/pii/S0160289607000463. Acesso em: 10 mar. 2025.

Inúmeros fatores contribuíram para o efeito Flynn, especialmente as melhorias nas condições ambientais – nutrição, saneamento, saúde, educação, etc. –, influenciando o nosso desenvolvimento geral (inclusive a inteligência). Por outro lado, os pesquisadores da Universidade de Hartford argumentam que fatores ambientais são forças externas que mascararam os **índices do declínio biológico interno humano**, que teria atingido o seu **máximo potencial de inteligência em 1950** e, partir de então, passou a cair. Além disso, eles defendem que, quanto maior se tornar a população global, menos inteligentes seremos, prevendo uma queda aproximada de 8 pontos nos próximos cem anos. Segundo os pesquisadores, isso se deveria a uma tendência de que pessoas mais inteligentes venham tendo menos filhos, diluindo a taxa de propagação genética dos QIs mais altos.

Outra justificativa para a queda do QI está relacionada com a evolução da tecnologia: com o avanço tecnossocial, **a vida tem se tornado mais fácil e segura**, não requerendo melhorias de inteligência para garantir a sobrevivência. Por exemplo, um erro de análise durante a caça de animais para alimentação, na Pré-História, poderia significar a morte; hoje, um equívoco durante uma compra no supermercado tende a ser insignificante em nossas vidas.

Algumas linhas, mais radicais, também acreditam que o auge da capacidade cognitiva pura (biológica) do ser humano (analisar, enfrentar e superar um problema desconhecido) aconteceu muito antes da revolução digital – como defendem o pesquisador Michael Woodley e o biólogo Gerald Crabtree.[9] Isso faz sentido se considerarmos que o **avanço tecnológico gradativamente simplifica e facilita a nossa vida**, ao mesmo tempo que, paradoxalmente, causa um aumento de complexidade no mundo. O resultado é que o indivíduo passa a ter cada vez mais **dificuldade para conseguir compreender e dominar sozinho os processos ao seu redor**, criando **segmentação** e **especialização**, diminuindo, consequentemente, a sua **visão holística** e a **capacidade de solucionar problemas inéditos**.

Some-se a isso tudo a **avalanche informacional** a que estamos submetidos no século XXI, **dissipando e sobrecarregando a nossa atenção**.[10] A informação flui em pedaços cada vez menores e mais fragmentados, que nos **distraem** constantemente. Como consequência, a nossa atenção diminui, e, para conseguir nos seduzir, a **produção de conteúdo** informacional tem buscado ser cada vez mais fácil de entender – como resultado, **pensamos cada vez menos**.

Não é à toa que, na última década, o pensamento crítico tem estado presente nas listas de habilidades para o futuro nos

---

9   GRIFFITHS, Sarah. Are We Becoming More STUPID? IQ Scores Are Decreasing – And Some Experts Argue It's Because Humans Have Reached their Intellectual Peak. **Daily Mail Online**, 21 ago. 2014. Disponível em: https://www.dailymail. co.uk/sciencetech/article-2730791/Are-STUPID-Britons-people-IQ-decline.html. Acesso em: 10 mar. 2025.

10   DAVENPORT, Thomas H.; BECK, John C. **The Attention Economy**: Understanding the New Currency of Business. Boston: Harvard Business Review Press, 2002.

relatórios e estudos relevantes[11] sobre o assunto, pois **melhorar o pensamento crítico** significa melhorar o **filtro** e o **julgamento** das informações para melhorar a **tomada de decisão**. Quando ele não funciona bem, a **qualidade** das decisões tende a ser menor.

A ERA DA ESTUPIDEZ

Uma série de evidências parece justificar algo que talvez, de modo intuitivo, já tenhamos percebido e que esteja na raiz de inúmeros problemas atuais: em média, estamos regredindo intelectualmente, na medida em que vivemos a Era dos Distraídos, das Bolhas, da Polarização, das *Fake News*, da Pós-Verdade, configurando o que poderia ser resumidamente denominado a Era da Estupidez.

Como dito anteriormente, para conseguir se destacar e chamar a atenção dos "distraídos", os conteúdos informacionais têm se tornado cada vez **menores e mais simples**, minimizando o esforço cognitivo necessário para a sua compreensão. Não é coincidência o fato de a **música** estar se tornando

---

11   WORLD ECONOMIC FORUM. **The 10 Skills You Need to Thrive in the Fourth Industrial Revolution**, 19 jan. 2016. Disponível em: https://www.weforum.org/stories/2016/01/the-10-skills-you-need-to-thrive-in-the-fourth-industrial-revolution. Acesso em: 10 mar. 2025; **The Future of Jobs Report 2018**, 17 set. 2018. Disponível em: https://www.weforum.org/publications/the-future-of-jobs-report-2018/. Acesso em: 10 mar. 2025; **These Are the Top 10 Job Skills of Tomorrow – and How Long it Takes to Learn Them**, 21 out. 2020. Disponível em: https://www.weforum.org/stories/2020/10/top-10-work-skills-of-tomorrow-how-long-it-takes-to-learn-them. Acesso em: 10 mar. 2025; **Future of Jobs 2023**: These Are the Most in-Demand Skills Now – And Beyond, 1 maio 2023. Disponível em: https://www.weforum.org/stories/2023/05/future-of-jobs-2023-skills/. Acesso em: 10 mar. 2025.

mais homogênea e menos complexa[12] e os **discursos políticos** estarem se nivelando com os de crianças (ver figura 4.3).[13]

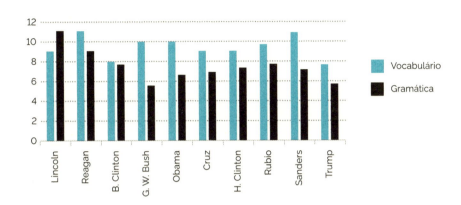

Figura 4.3 Niveis de vocabulário e gramática por ano escolar (eixo vertical) dos discursos de presidentes e candidatos à Presidência norte-americanos, segundo estudo realizado pela Universidade Carnegie Mellon, nos Estados Unidos.

Fonte: adaptado de SPICE, Byron. Most Presidential Candidates Speak at Grade 6-8 Level. **Carnegie Mellon University**, 16 mar. 2016. Disponível em: https://www.cmu.edu/news/stories/archives/2016/march/speechifying.html. Acesso em: 10 mar. 2025.

---

12   SERRÀ, Joan *et al.* Measuring the Evolution of Contemporary Western Popular Music. **Scientific Reports**, v. 2, n. 521, jul. 2012. Disponível em: https://www.nature.com/articles/srep00521. Acesso em: 10 mar. 2025.

13   SPICE, Byron. Most Presidential Candidates Speak at Grade 6-8 Level. **Carnegie Mellon University**, 16 mar. 2016. Disponível em: https://www.cmu.edu/news/stories/archives/2016/march/speechifying.html. Acesso em: 10 mar. 2025.

Além disso, é preciso considerar a **intensificação de vieses cognitivos**[14] importantes (como viés de confirmação, efeito halo, efeito Dunning-Kruger, etc.)[15] nos **meios digitais**, que favorecem a rápida disseminação de conteúdos descontextualizados e, muitas vezes, falsos, incompletos, errados ou manipulativos, resultando nos fenômenos mencionados aqui de alienação em bolhas, *fake news* e pós-verdade.

A sobrecarga informacional disparada pela Era Digital foi sabotando também, de forma invisível, a nossa **tomada de decisão**. A multiplicação exponencial de **possibilidades** (variedade) e de quantidade (volume) das opções que se apresentam em cada instante impacta consideravelmente a capacidade disponível que temos a cada momento para fazer análises e tomar decisões. Assim, paradoxalmente, o aumento de possibilidades de escolha tende a não melhorar a nossa decisão; ao contrário, piora, pois sobrecarrega a nossa capacidade cognitiva de decidir.[16] Isso acontece porque, ao contrário do que se imagina, a **capacidade de decisão humana não é um fator constante** no nosso organismo, mas uma habilidade que diminui conforme vai sendo utilizada – efeito

---

14 Padrões sistemáticos de desvio do raciocínio lógico e da tomada de decisão, causados por fatores como emoções, experiências passadas e limitações cognitivas, que podem afetar decisões no ambiente de trabalho, negociações e até mesmo a maneira como processamos informações políticas e científicas.

15 Esses vieses cognitivos serão explicados no capítulo 5.

16 Esse processo foi batizado de Paradoxo da Escolha e passou a se manifestar conforme a abundância de opções foi se manifestando nas sociedades, especialmente a partir do final do século XX. No entanto, ele avalia o processo de decisão puramente utilizando a capacidade natural humana. Hoje, com as tecnologias digitais, é possível combater esse fenômeno, pois o uso adequado de ferramentas tecnológicas pode solucionar a sobrecarga cognitiva humana. Portanto, com a tecnologia, o aumento de volume e variedade de informações pode, sim, efetivamente, melhorar a tomada de decisão. No entanto, para isso, é necessário saber combinar as capacidades humanas com as das máquinas.

denominado **fadiga de decisão**. Quanto mais decisões somos obrigados a tomar ao longo do dia, mais debilitados vamos ficando para novas decisões. Isso porque cada uma delas consome um pouco da nossa força de vontade disponível, que vai tendo seu estoque reduzido (e, eventualmente, esgotado) para outras tomadas. Esse processo prejudica a nossa **habilidade de julgamento e ação** ou, em outras palavras, compromete o pensamento crítico.

Esses são apenas alguns indícios no contexto atual que parecem nos seduzir para pensarmos menos e que, ao mesmo tempo, nos sobrecarregam, comprometendo nossa habilidade de pensar criticamente. Talvez a escolha de "***brain rot***" (traduzido literalmente como "deterioração do cérebro") como o termo do ano de 2024 pelo dicionário Oxford[17] seja o que melhor define a estupidez como característica marcante dessa nossa era.

Da estupidez à lucidez

Indubitavelmente, portanto, vivemos em um contexto **desfavorável** para o florescimento do **pensamento crítico**. No entanto, existe um **desafio ainda maior** para o seu desenvolvimento: a **educação**. Pensamento crítico, diferentemente da **inteligência**, não é uma competência biológica natural que,

---

17 'BRAIN ROT' NAMED Oxford Word of the Year 2024. **Oxford University Press**, 2 dez. 2024. Disponível em: https://corp.oup.com/news/brain-rot-named-oxford-word-of-the-year-2024/. Acesso em: 10 mar. 2025.

em algum grau, nasce com a gente. Ao contrário, é uma competência complexa que, para ser desenvolvida, precisa ser **aprendida**, requerendo **dedicação** e **esforço contínuos**.

Assim, embora estejam intimamente relacionados, **pensamento crítico e inteligência** não são sinônimos. Enquanto a **inteligência** fornece um conjunto de habilidades cognitivas que permitem pensar racionalmente para alcançar uma meta, o **pensamento crítico** é **a disposição e a capacidade de usar essas habilidades cognitivas**. Se compararmos o nosso pensamento e um cérebro computacional, a inteligência será o processador e o pensamento crítico, o sistema operacional. De nada adiantará um processador superpoderoso se o *software* for ruim, podendo inclusive se tornar perigoso. Por outro lado, um bom *software* conseguirá resultados bons com qualquer processador.

Por serem recursos extremamente valiosos para o **sucesso** de um indivíduo, a busca por **melhorias nos níveis de inteligência e pensamento crítico** é o Santo Graal da **performance intelectual**, a pedra angular, o **superpoder humano na Era da Inteligência Artificial**. Sabemos que existem formas de ampliar tanto um quanto o outro. No entanto, melhorar a inteligência é mais difícil, pois ela tem raízes fortes na genética.[18] O pensamento crítico, por sua vez, pode ser mais facilmente **ensinado e praticado** – suas raízes estão **na educação e na cultura**, que fomentam o exercício e a utilização das nossas capacidades cognitivas para raciocinar e alcançar objetivos.

---

18 BUTLER, Heather. Why Do Smart People Do Foolish Things? **Scientific American**, 3 out. 2017. Disponível em: https://www.scientificamerican.com/article/why-do-smart-people-do-foolish-things/. Acesso em: 10 mar. 2025.

No entanto, a **melhoria do pensamento crítico** não é algo simples e fácil, pois, além da inteligência, a sua construção depende de inúmeras outras habilidades **interdependentes** que, em conjunto, passam gradativamente a formá-lo e consolidá-lo. Isso torna a aquisição do pensamento crítico um **processo complexo**, pois, para ser construído, ele se vale das mesmas habilidades que ajuda a desenvolver, como **pensamento analítico, criatividade, resiliência, colaboração, adaptabilidade, argumentação, lógica, retórica** e **comunicação**, entre outras. Por essas razões, desenvolver o pensamento crítico é mais desafiador do que fazer o mesmo com as habilidades mais específicas.

Apesar dessa complexidade do pensamento crítico e de sua interdependência em relação às demais habilidades, a sua essência é a busca da melhor tomada de decisão possível em cada situação. Portanto, focaremos, a seguir, a orquestração do processo decisório comandada pelo pensamento crítico.

A tomada de decisão

O **pensamento crítico** é uma disciplina **metodológica cognitiva** que busca **capturar dados** (observação, experiência, expressão verbal ou escrita, argumentos) com a melhor **qualidade** possível, para formar **julgamento** (análise) e gerar **ação** (mudança para alcançar a meta). Para tanto, em cada um desses processos, ele se utiliza das habilidades cognitivas da inteligência para funcionar.

Essas são as razões que tornam o pensamento crítico tão importante em qualquer contexto: pelo fato de consistir no processo de obter, selecionar e analisar dados, ele **afeta a forma como enxergamos** e **julgamos** qualquer coisa **para fundamentar a tomada de decisão**. Assim, como dito antes, quanto melhor for o pensamento crítico, melhores serão as decisões tomadas.

Para ilustrar a relação entre **pensamento crítico e tomada de decisão**, podemos usar uma analogia culinária em que o pensamento crítico funcionaria como a criação de uma receita e a tomada de decisão seria a preparação do prato.

Vamos **começar com a obtenção de dados**. Para criar a **receita**, o *chef* **analisa os ingredientes**, avaliando cada opção, ponderando sobre as suas propriedades, combinações e técnicas, sempre buscando os melhores resultados e estando aberto a aprender com experiências. Ele contempla os elementos nutricionais, estéticos e gustativos de cada ingrediente, equilibrando-os para criar uma experiência culinária que seja, ao mesmo tempo, saborosa e atraente.

Nesse processo, existe o **julgamento**. O *chef* pesquisa, experimenta, prova e ajusta, mantendo um ciclo de aprendizagem constante para desenvolver a receita perfeita (pensamento crítico).

A **tomada de decisão** é simbolizada pelo momento em que a receita é colocada em prática na **preparação do prato**, quando o *chef* **decide sobre os detalhes práticos do processo**. Ele **escolhe** os ingredientes disponíveis, **ajusta** o tempo e a temperatura de cozimento conforme necessário e resolve **imprevistos** que surgem durante o processo de preparação do prato. Essas decisões são guiadas pela receita (que foi criada com pensamento crítico) e moldadas pela habilidade, pela experiência e pela intuição do *chef* durante o processo de execução.

Portanto, a preparação do prato (**tomada de decisão**) utiliza as análises feitas na criação da receita (**pensamento crítico**) para permitir a escolha dos melhores ingredientes e métodos, colocando em prática a sua execução de forma estratégica e ponderada para produzir um prato que seja tanto uma experiência sensorial quanto uma expressão de escolhas bem ponderadas e executadas.

Nesse processo, o pensamento crítico **orienta** e **informa** a tomada de decisão para realizar e obter os **melhores resultados** possíveis na **execução**.

Pensando na vida

Uma vez que pensar criticamente impacta, direta e indiretamente, **todas as nossas escolhas** ao longo da nossa existência, melhorar o pensamento crítico pode não apenas ajudar no desenvolvimento de habilidades para o futuro como também favorecer o nosso **bem-estar e nossa longevidade** (quadro 4.1).[19]

Quadro 4.1 Benefícios do pensamento crítico em várias dimensões das nossas vidas, favorecendo o desenvolvimento pessoal e profissional.

ÁREA	PENSAMENTO CRÍTICO APLICADO
Saúde	Decisões de saúde: avaliar informações e fazer escolhas. Estilo de vida saudável: avaliar práticas de vida. Prevenção de doenças: avaliar práticas preventivas e conscientes.
Gestão de estresse	Resolução de problemas: resolver para reduzir estresse. Controle emocional: encontrar soluções racionais. Autoconsciência: entender e gerir melhor o próprio estresse.

(cont.)

---

19 LIU, Z. *et al*. How Do Critical Thinking Ability and Critical Thinking Disposition Relate to the Mental Health of University Students? **Frontiers in Psychology**, v. 12, ago. 2021. Disponível em: https://www.ncbi.nlm.nih.gov/pmc/articles/PMC8416899/. Acesso em: 10 mar. 2025; BUTLER, Heather. Why Do Smart People Do Foolish Things? **Scientific American**, 3 out. 2017. Disponível em: https://www.scientificamerican.com/article/why-do-smart-people-do-foolish-things/. Acesso em: 10 mar. 2025; OLLINHEIMO, Ari; HAKKARAINEN, Kai. Critical thinking as Cooperation and Its Relation to Mental Health and Social Welfare. **New Ideas in Psychology**, v. 68, jan. 2023. Disponível em: https://www.sciencedirect.com/science/article/abs/pii/S0732118X22000587. Acesso em: 10 mar. 2025.

ÁREA	PENSAMENTO CRÍTICO APLICADO
Relações pessoais	Comunicação: melhorar para relações saudáveis. Empatia: melhorar interações. Conflito: resolver conflitos de maneira justa e equilibrada.
Segurança financeira	Investimentos: tomar decisões financeiras críticas. Planejamento financeiro: pensar e planejar a longo prazo. Orçamento: criar a gerir um orçamento eficaz.
Desenvolvimento pessoal e profissional	Carreira: tomar decisões para desenvolvimento. Aprendizado contínuo: associar a desenvolvimento. Habilidades: identificar e desenvolver habilidades pertinentes.
Prevenção e gestão de riscos	Avaliação de riscos: avaliar e tomar medidas. Adaptabilidade: permitir adaptação fluida. Preparação: preparar-se adequadamente para eventualidades.
Participação cidadã	Conscientização: envolver-se de maneira crítica. Contribuição social: contribuir positivamente. Advocacia: defender causas de maneira informada e eficaz.
Cuidado com o ambiente	Consciência ambiental: avaliar e adotar práticas. Escolhas sustentáveis: tomar decisões conservacionistas. Advocacia ambiental: promover causas ambientais.
Autocuidado	Bem-estar mental: refletir para estratégias mentais. Escolhas de vida: fazer escolhas promovendo bem-estar. Gestão de tempo: gerir o tempo de maneira eficiente.

Desenvolvendo o pensamento crítico

Em razão de sua interdependência com a inteligência e inúmeras outras habilidades, o desenvolvimento do pensamento crítico é um processo complexo. No entanto, existem diversas técnicas para melhorar o pensamento crítico, que organizo em forma de um **método** com cinco pilares, configurando-se, assim, em uma **máquina de lucidez**, que nos permite enxergar e avaliar melhor todo tipo de informação para fundamentar nossas decisões, transformando **qualquer pensamento** em um **pensamento crítico**.

Esses cinco pilares são: **questionamento**, **superação de vieses cognitivos**, **persuasão racional**, **repertório** e **valores**. Vejamos.

- QUESTIONAMENTO. Base do pensamento crítico, o questionamento é condição necessária e crítica para validar (ou não) pensamentos, fatos, opiniões ou crenças estabelecidas. O questionamento cético não é a atitude de não acreditar em nada, mas de buscar **evidências que suportem as crenças**, evitando tentativas falaciosas de persuasão. No entanto, qualquer questionamento deve ser amável, pois a forma como obtemos essas evidências influencia o processo em si. Agressividade, violência ou polarizações, além de ineficientes, são contraprodutivas.

- SUPERAÇÃO DE VIESES COGNITIVOS. Alguns dos principais inimigos do pensamento crítico são as **crenças e os atalhos** de pensamento que temos enraizados no nosso próprio sistema cognitivo, denominados vieses. Eles são extremamente perigosos porque **não percebemos que existem**. Assim, funcionam como um inimigo invisível e poderoso dentro de nós e que **contamina a nossa visão de mundo**. Para podermos combater os vieses cognitivos, o primeiro passo é conhecê-los (existem mais de 180 vieses cognitivos a que estamos sujeitos). Além disso, uma das melhores maneiras de eliminar vieses cognitivos é conviver com pessoas diferentes. Quanto mais diverso for um grupo, maiores as chances de os vieses de um indivíduo ajudarem a desenviesar os outros. Com isso, times diversos tendem a ser menos enviesados e, consequentemente, a melhorar o seu pensamento crítico e tomar melhores decisões.

- **PERSUASÃO RACIONAL.** Para pensar criticamente, é necessário validar, analisar e avaliar os encadeamentos de pensamentos para escolher a melhor solução. Os instrumentos utilizados para tanto são a análise **lógica** de argumentos associada à **retórica** (para extração e refinamento de dados) e à **argumentação**. Assim, para formar pensamento crítico, precisamos ser letrados e treinados para exercitar esses três fundamentos: lógica, argumentação e retórica.

- **REPERTÓRIO.** Por mais que sejamos letrados em lógica, argumentação e retórica, se não tivermos repertório não teremos como aplicá-las. O repertório é o **alimento do pensamento**; é ele que informa o pensamento crítico em vários níveis. Quanto maior for o repertório, mais abrangente se tornará esse pensamento. Assim, o repertório é o ingrediente secreto fundamental para o pensamento crítico – ele alimenta o método na geração de resultados.

- **VALORES.** Essa é a régua com a qual **balizamos o pensamento na busca de uma meta**. Quanto mais amplo e aberto for o nosso conjunto de valores e atitudes, maior será o alcance do pensamento crítico. No entanto, valores precisam ser **cuidadosamente selecionados** e pensados a fim de que se tornem **faróis de direcionamento e não prisões**, como os vieses cognitivos. Questionar e revisitar valores e atitudes para revalidá-los ou descartá-los são características importantes do pensamento crítico. Por exemplo, se um pensamento não consegue ser validado pela ética e pelos valores humanos, deve ser descartado, por melhores que sejam seus demais argumentos.

"LUCIDIFICAÇÃO" EM CURSO

Como vemos, por meio desses pilares, o pensamento crítico se desenvolve em um processo **simbiótico** de crescimento simultâneo ao de **quase todas as habilidades humanas**, necessárias durante o processo de "lucidificação" do pensamento. Isso faz com que o desenvolvimento do pensamento crítico resulte também na **ampliação conjunta de inúmeras outras competências**, reforçando, mais uma vez, o seu papel como habilidade fundamental, catalisadora de todas as demais.

Por isso, dedicaremos o próximo capítulo a discutir e entender em detalhes esses cinco pilares que constituem a máquina de lucidez dos nossos pensamentos.

MÁQUINA DE LUCIDEZ

É necessário pensar criticamente para perguntar bem, e, ao mesmo tempo, é necessário perguntar bem para pensar criticamente.

"

Por que ler este capítulo.
Assista:

Antes de nos aprofundarmos nos cinco pilares do pensamento crítico – **questionamento**, **superação de vieses cognitivos**, **persuasão racional**, **repertório** e **valores** –, podemos imaginar esses cinco elementos em ação.

Na analogia representada pela figura 5.1, o **motor** do pensamento crítico é a persuasão racional, que funciona alimentada pelo **combustível** do questionamento e do repertório, balizados pela superação de vieses cognitivos e pelos valores do indivíduo.

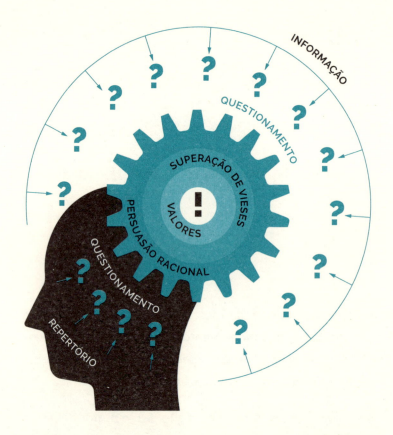

Figura 5.1 Funcionamento dos cinco pilares do pensamento crítico.

Como vemos, é um mecanismo em que os elementos precisam estar todos atuando bem. Não à toa, Henry Ford disse que pensar é o trabalho mais difícil que existe e que, talvez por isso, tão poucos se dediquem a ele. Neste capítulo, vamos aprimorar o nosso pensamento crítico.

Questionamento

O questionamento, junto do repertório, é o alimento do pensamento crítico. Por um lado, o repertório funciona como um depósito interno disponível; por outro, o questionamento atua como uma fonte de obtenção e descobrimento de novos ingredientes e possibilidades de nutrientes. O repertório se forma pelo acúmulo de conhecimentos, experiências e informações que vamos adquirindo ao longo da vida, ao passo que o questionamento precisa ser acionado para funcionar. Isso acontece por meio de duas chaves que atuam em direções opostas e complementares: o **ceticismo** e a **curiosidade**. Enquanto a curiosidade refere-se à inquietação de querer ir além do conhecimento existente, arriscando em direção ao desconhecido, explorando e descobrindo o novo, o ceticismo, por sua vez, busca desafiar todo e qualquer conhecimento – adquirido ou já estabelecido –, refinando-o e, eventualmente, nessa exploração de depuração do conhecimento, também descobrindo o novo. Em outras palavras, a curiosidade motiva o questionamento a fim de nos oferecer novas perspectivas para **saber mais**, enquanto o ceticismo nos instiga a refinar essas e todas as demais perspectivas para **saber melhor**.

O ceticismo é uma postura filosófica que envolve uma atitude de dúvida ou descrença em relação ao conhecimento, às informações ou às afirmações que são geralmente aceitos. Essa visão não se restringe a uma dúvida geral, mas a uma abordagem crítica e questionadora sobre a possibilidade de conhecimento genuíno ou absoluto em diferentes contextos. Algumas características centrais do ceticismo são:

questionamento constante,[1] **investigação,**[2] **fundamentação,**[3] **verificação**[4] e **suspensão do juízo.**[5] Assim, o ceticismo não é a atitude de não acreditar em nada, e sim o questionamento para validar (ou não) pensamentos, fatos, opiniões ou crenças. Nesse sentido, o ceticismo demanda evidências que suportem as crenças, evitando tentativas falaciosas de persuasão. Portanto, para filtrar informações para o pensamento crítico, o ceticismo depende da capacidade de perguntar.

Paradoxalmente, ao mesmo tempo que a pergunta nos permite praticar o ceticismo para filtrar, ela constitui o instrumento fundamental da curiosidade. É por meio da pergunta que a curiosidade se manifesta. Assim, a pergunta é tanto as asas que nos permitem voar em direção ao risco do desconhecido quanto os pés que nos mantêm no chão, trilhando no solo seguro da realidade.

Perguntar, portanto, constitui o primeiro passo tanto para ampliarmos quanto para validarmos o nosso mundo. A pergunta desafia o conhecido, o familiar, o consenso, buscando ir além, explorar novas possibilidades, desafiar e descobrir novas verdades que possam melhorar a nossa existência. No entanto, por meio das perguntas, aprimoramos não apenas a

---

1 Os céticos frequentemente questionam as afirmações e suposições predominantes e duvidam delas.
2 O ceticismo encoraja a exploração e a investigação em vez de aceitar prontamente as coisas como verdadeiras.
3 Céticos muitas vezes exigem evidências sólidas e fundamentação para aceitar uma afirmação como verdadeira.
4 Eles tendem a verificar e reexaminar as evidências e argumentos que sustentam determinada afirmação.
5 Céticos evitam fazer afirmações absolutas de conhecimento devido à falta de evidências incontestáveis e tendem a optar por permanecer neutros em questões nas quais não possuem evidências claras ou conclusivas.

aquisição de conhecimentos e a verificação de fatos como também:

- a **comunicação** (iniciar um diálogo e manter uma conversa);

- a **reflexão** (desafiar alguém ou a si mesmo a pensar mais profundamente sobre algo);

- o **ensino e a aprendizagem** (perguntas podem ser usadas para avaliar o conhecimento do outro ou como guia de aprendizado, ajudando a focar pontos-chave);

- a **negociação** (além de formular propostas, as perguntas permitem entender as necessidades, os desejos e as limitações de todas as partes envolvidas);

- a **performance** (perguntas sobre desempenho e resultados podem estimular *feedbacks* para ajustes e melhorias);

- o **autoconhecimento** (perguntas autorreflexivas podem ajudar a explorar os próprios pensamentos e sentimentos);

- os **relacionamentos** (perguntas podem expressar interesse, mostrando consideração pelos pensamentos, sentimentos e experiências do outro; ser uma ferramenta para entender melhor os sentimentos e perspectivas do outro, construindo empatia; permitir que mais vozes sejam ouvidas, favorecendo a inclusão; incentivar as pessoas a participarem ativamente de uma conversa, favorecendo o engajamento).

Portanto, desenvolver a habilidade de perguntar promove ampliação e validação da realidade, aprendizado mais profundo e relações interpessoais mais ricas e significativas, pois as perguntas não apenas enriquecem o indivíduo como também criam uma atmosfera de abertura e exploração em ambientes socais e profissionais. Assim, a arte de perguntar, além de ser o combustível que alimenta o motor do pensamento, tem o poder de mudar as nossas vidas.

OS TRÊS MOMENTOS DA PERGUNTA

Uma pergunta bem estruturada pode ajudar a criar um questionamento mais eficaz. Para tanto, existem três momentos importantes em uma pergunta: antes de perguntar, formulação da pergunta (durante) e depois de perguntar.

Antes de formular uma pergunta é necessário identificar o seu **objetivo** (por que estou fazendo essa pergunta) e a **informação que preciso obter** (isso ajuda a decidir se a pergunta deve ser aberta ou fechada). Por exemplo, meu objetivo é escolher um livro para estudar inteligência artificia. A informação de que preciso é qual o melhor livro considerando o meu contexto atual de conhecimento e as necessidades para alcançar a proficiência desejada (que poderia ser apenas se familiarizar com o assunto ou se aprofundar em um conhecimento prévio já adquirido). A pergunta, ou a sequência de questionamento, deve chegar a esse objetivo com base em informações que suportem a conclusão.

Depois da pergunta, é necessário estar com abertura para receber a resposta e organizá-la de modo a refletir, validar, verificar se a informação obtida soluciona o objetivo proposto, se traz novas possibilidades de soluções, ou se requer uma mudança de abordagem, gerando uma nova pergunta.

Entre o antes e o depois, está o coração de uma pergunta: a sua **formulação**. Nesse sentido, para ser eficiente, a pergunta precisa ser estruturada levando em consideração o objetivo e as informações que busca (determinados anteriormente) e contemplando as seguintes características:

- **CLAREZA:** simplicidade[6] e precisão;[7]

- **RELEVÂNCIA:** pertinência[8] e foco;[9]

- **OBJETIVIDADE:** direcionamento[10] e intenção clara;[11]

- **NEUTRALIDADE:** imparcialidade[12] e abertura;[13]

- **ESTRUTURA:** pergunta aberta *versus* fechada,[14] ordem lógica;[15]

---

6 Use palavras simples, evitando jargões, a menos que tenha certeza de que o interlocutor está familiarizado com eles.

7 Seja específico sobre o que você está perguntando, para evitar ambiguidade.

8 A pergunta deve estar relacionada ao tópico em discussão ou ao problema que se está tentando resolver.

9 Mantenha a atenção na informação ou na resposta que você busca obter.

10 A pergunta deve conduzir a conversa ou investigação em uma direção que seja produtiva e informativa.

11 A razão para a pergunta deve ser evidente e construtiva.

12 Evite carregar a pergunta com suas próprias opiniões ou expectativas.

13 Esteja com abertura para qualquer resposta, mesmo que não se alinhe com suas premissas ou crenças.

14 Uma pergunta fechada tipicamente exige uma resposta curta ou de "sim/não", enquanto uma pergunta aberta encoraja uma resposta mais desenvolvida e detalhada. A pergunta aberta é mais exploratória, usada quando desejamos obter *insights*, percepções ou perspectivas mais amplas, enquanto uma pergunta fechada é usada quando precisamos de informações específicas, diretas e, frequentemente, quantificáveis.

15 Caso esteja fazendo várias perguntas, organize-as de uma maneira que faça sentido e flua naturalmente na conversa.

- **RESPEITO:** sensibilidade[16] e privacidade.[17]

Aqui, na estruturação da pergunta em busca de evidências para fundamentar o pensamento, é importante ressaltar que a prática do **ceticismo deve ser amável**, buscando um conflito construtivo de ideias, perspectivas, fatos e informações para revelar caminhos, e não confrontos. Nesse sentido, o **respeito** é elemento fundamental não apenas para a elaboração de uma pergunta humana como também para a sua eficiência.

Com o objetivo de ilustrar como a formatação de uma pergunta impacta sua qualidade, exploramos no quadro 5.1 alguns exemplos comparativos de estruturação levando em conta esses elementos. Considerando que uma "boa" estruturação de uma pergunta depende do contexto, do objetivo e da sequência de questionamentos, entre outros fatores, esses exemplos descontextualizados têm a finalidade apenas de ser um exercício de reflexão sobre a estruturação da pergunta, e não um guia de aplicação.

---

16 Evite perguntas que possam ser muito invasivas ou insensíveis a possíveis questões emocionais ou traumáticas.

17 Respeite os limites do que a outra pessoa pode estar disposta ou autorizada a compartilhar.

Quadro 5.1 Exemplos comparativos na forma de estruturar a formulação de perguntas.

EXEMPLO	PERGUNTA "BOA"	POR QUE É BOA	PERGUNTA "RUIM"	POR QUE É RUIM
Explorar PROPÓSITO DE VIDA	Quais são as atividades ou situações que você percebe que lhe trazem maior satisfação e por quê?	Fomenta a exploração de paixões e propósitos por meio de experiências pessoais.	Você sabe qual é o seu propósito de vida?	Direta demais, pode intimidar, não incentiva exploração profunda.
Desenvolvimento de HABILIDADES	Quais habilidades você gostaria de desenvolver para alcançar seus objetivos profissionais e que ações práticas você pode realizar para aprimorá-las?	Motiva e direciona à ação e ao planejamento para desenvolvimento de habilidades.	Você é bom/boa no que faz?	Vaga e não focada em reflexão sobre aprimoramento ou desenvolvimento futuro.
Melhorar RELACIONAMENTOS	Como você acha que suas ações e comunicações afetam seus relacionamentos? Você vê áreas em que poderia melhorar essas interações?	Promove reflexão sobre o impacto do comportamento e da comunicação nas relações e encoraja pensamento sobre aprimoramento.	Você acha que é uma pessoa fácil de lidar?	Pode intimidar ou induzir estado de defesa e não abre espaço para explorar vulnerabilidades ou áreas de melhorias.

(cont.)

EXEMPLO	PERGUNTA "BOA"	POR QUE É BOA	PERGUNTA "RUIM"	POR QUE É RUIM
Melhorar HÁBITOS DIÁRIOS (autorreflexiva)	Como meus hábitos diários estão alinhados com meus objetivos de longo prazo? O que eu poderia ajustar para me aproximar mais desses objetivos?	Inspira avaliação dos hábitos diários e reflexão sobre sua consistência em relação aos objetivos de longo prazo.	Você acha que seus hábitos diários são bons ou ruins?	Binária e simplista, não provoca uma reflexão profunda ou consideração das implicações de longo prazo dos hábitos.
PREPARAÇÃO para o FUTURO	Considerando meus objetivos futuros, quais são as competências e os recursos que preciso desenvolver ou adquirir, e como posso fazer isso?	Estimula a pensar de maneira prática e estratégica sobre o desenvolvimento de competências e recursos para o futuro. Também encoraja a formulação de um plano de ação.	Você está se preparando para o futuro?	É muito geral e não incentiva a reflexão ou o planejamento detalhado sobre como a preparação para o futuro pode ser realizada.

Note-se que, para conseguir estruturar uma boa pergunta, todos os demais pilares do pensamento crítico são fundamentais. Por exemplo, na formatação da pergunta, os pilares **superação de vieses cognitivos** e **valores** impactam os elementos neutralidade e respeito. Os pilares **repertório** e **persuasão racional** determinam a qualidade dos elementos clareza, relevância, objetividade e estrutura. Por outro lado, perceba-se que o pilar **questionamento** também é crucial para os demais pilares, pois é por meio de perguntas que buscamos superar vieses cognitivos e entender os valores, bem como ampliar o repertório e a persuasão racional. Assim, todos os pilares do pensamento crítico são intrinsecamente relacionados e interdependentes e atuam, sempre, de modo concomitante.

O PAPEL DA TECNOLOGIA

Como podemos ver, a pergunta é tanto origem para o processo de pensamento crítico quanto algo dependente dele. É necessário pensar criticamente para perguntar bem, e, ao mesmo tempo, é necessário perguntar bem para pensar criticamente. Nesse ciclo "ovo–galinha", felizmente o que importa não é quem vem primeiro – pensamento crítico ou questionamento –, mas como um aprimora o outro. É por meio do uso, da prática contínua entre perguntar e pensar criticamente, que ambas as habilidades melhoram simultaneamente.

Nesse sentido, as tecnologias inteligentes podem auxiliar muito. Logicamente, precisamos saber perguntar para utilizar uma IA generativa, como o ChatGPT. No entanto, inúmeras ferramentas de autopilotos inteligentes não só conduzem a ramificações de possibilidades para ajudar a estruturar a sequência de perguntas para o alcance do objetivo; elas também ajudam a pesquisar em bases de dados e referências, aprimorando a amplitude e os meios de validação das informações.[18] Esse processo muitas vezes oferece rapidamente novos caminhos que não imaginaríamos sozinhos, da

---

18 Esse tipo de navegação na informação é denominado Retrieval Augmented Generation ou RAG. Ver PROMPT ENGINEERING GUIDE. **Retrieval Augmented Generation (RAG)**. Disponível em: https://www.promptingguide.ai/techniques/rag. Acesso em: 10 mar. 2025.

mesma forma que um aplicativo de mapas sugere rotas que não conhecíamos ou um buscador oferece respostas adicionais que não imaginávamos. Desde que saibamos perguntar e pensar criticamente, esses sistemas podem ser instrumentos valiosos não apenas para melhorar o ciclo de questionamento como também para acelerá-lo, ampliando o nosso potencial crítico. Isso ilustra como outras habilidades – nesse caso, simbiodestreza tecnológica[19] – beneficiam o pensamento crítico.

Portanto, todas as outras habilidades também podem contribuir para o questionamento. Por exemplo, a criatividade (para gerar ideias para opções de perguntas, combinações entre possibilidades de caminhos durante o processo, etc.), a adaptabilidade e a flexibilidade (para ajustar rotas rapidamente durante o questionamento e as reflexões), a colaboração (para conseguir obter informações mais ricas e precisas, de perspectivas distintas), a resiliência (para conseguir permanecer nos trilhos durante os vários impactos de análises e informações distintas no trem do pensamento), a humanidade (para garantir valores humanos e sustentabilidade no processo), e assim por diante.

Utilizando-se de todos esses recursos – estruturação das perguntas, habilidades, tecnologias, etc. –, o ciclo de questionamento

---

19 Refere-se à junção dos termos "simbiose" e "destreza tecnológica" e define a capacidade de uma pessoa não apenas utilizar, adaptar e compreender tecnologias de maneira eficiente e estratégica (destreza tecnológica), como também de interagir de forma biológica estreita e duradoura (simbiose) com a tecnologia, misturando-se naturalmente com ela. Por exemplo, próteses biomecânicas e interfaces cérebro–máquina. Em um mundo cada vez mais digital, essa habilidade tornou-se essencial para a empregabilidade e a inovação, sendo frequentemente associada ao pensamento crítico, à criatividade e à alfabetização digital.

alimenta um processo paradoxal de pensar: ele permite, simultaneamente, **convergir** e **divergir** criticamente o pensamento. Por um lado, ele nos conduz a um aprofundamento no caminho específico para alcançar um objetivo, enquanto, por outro, abre possibilidades de caminhos. Assim, para não nos perdermos no processo, novamente precisamos dos demais pilares do pensamento crítico: superação de vieses cognitivos, persuasão racional, repertório e valores – que veremos na sequência.

Repertório

Junto do questionamento, o repertório é o combustível que alimenta o pensamento crítico. No entanto, enquanto o questionamento é um processo para aquisição e filtragem de conhecimento, o **repertório** consiste no acúmulo de todos os **conhecimentos, informações, experiências, habilidades** e **perspectivas** que uma pessoa adquire ao longo da vida. Quanto maior esse acúmulo, maior o repertório.

Sem um repertório rico e diversificado, o pensamento crítico se torna limitado e superficial, pois o tamanho e a qualidade do repertório atuam como uma **base sólida sobre a qual o pensamento crítico é construído**. Por mais que os demais pilares funcionem perfeitamente – questionamento, persuasão racional, superação de vieses cognitivos e valores –, se não tivermos repertório não teremos como aplicá-los. O repertório informa o pensamento crítico em vários níveis e, quanto maior ele for, mais amplo se tornará esse pensamento.

Assim, o repertório é o ingrediente secreto fundamental para a melhoria do pensamento crítico.

Nesse sentido, a contribuição do repertório para pensar criticamente acontece de várias formas, explicadas a seguir.

- **BASE PARA ANÁLISE E REFLEXÃO.** O repertório oferece um ponto de referência para analisar novas informações ou experiências. Podem-se comparar novas informações com o que já se sabe, identificando semelhanças, diferenças, inconsistências e padrões.

- **DIVERSIDADE DE PERSPECTIVAS.** Quanto mais amplo e diversificado o repertório, mais perspectivas ele oferece sobre um tópico ou uma questão. Isso é crucial para avaliar situações de maneira abrangente e não unilateral.

- **FOMENTO A CONEXÕES.** Repertórios com conhecimentos em diversas áreas favorecem conexões entre ideias e conceitos aparentemente não relacionados, levando a *insights* e soluções inovadoras.

- **FERRAMENTAS ANALÍTICAS.** Quanto mais vasto o repertório, mais ferramentas analíticas (como métodos de raciocínio, técnicas de argumentação e modelos mentais) uma pessoa tem à sua disposição para avaliar informações e argumentos.

- **DEFESA CONTRA MANIPULAÇÃO.** Quanto mais amplo o repertório de alguém, mais difícil se torna enganar essa pessoa ou manipulá-la com argumentos falaciosos ou informações distorcidas. O repertório atua como uma espécie de "filtro" interno para discernir a qualidade e a veracidade das informações.

- **ESTÍMULO À CURIOSIDADE.** Quanto mais se sabe, mais se percebe quanto ainda há para aprender. Quanto mais luz, mais longe conseguimos enxergar a existência de possibilidades a alcançar. Assim, um repertório diversificado pode instigar a curiosidade, o que leva a um aprofundamento e a uma expansão contínuos desse repertório.

- **MELHOR COMPREENSÃO DE CONTEXTO.** Um repertório diversificado e vasto ajuda a entender o contexto mais amplo de determinada situação ou informação, e isso é crucial para um pensamento crítico eficaz. Compreender o contexto permite avaliar a relevância, a aplicabilidade e as implicações de uma informação.

Além de embasar o pensamento crítico, o repertório influencia o modo como sentimos e mensuramos o mundo, pois, nas palavras da autora francesa Anaïs Nin, "não vemos as coisas como elas são, mas como nós somos".[20] O repertório estabelece as bases daquilo "que somos", para medirmos todo o resto, afetando a nossa visão de mundo. Além disso, o repertório oferece os recursos que temos disponíveis para atuar no mundo, impactando a nossa performance.

Por essas razões, é essencial cultivar e expandir constantemente o repertório. Nesse sentido, o **questionamento**, discutido anteriormente, é uma das formas para adquirirmos, ampliarmos e refinarmos o repertório. No entanto, ele não é a única. O **estudo**, a **experiência** e a **convivência com pessoas diferentes** também são estratégias valiosas para criar e

---

20   NIN, Anaïs. **Seduction of the Minotaur**. [s. l.]: Swallow Press, 1961. p. 145.

enriquecer o repertório de um indivíduo ou grupo, podendo abranger uma gama extensa de atividades. Vejamos.

- **ESTUDO.** Leitura diversificada (artigos, livros, jornais e revistas de diferentes gêneros, autores e perspectivas), cursos, educação continuada (por exemplo, oficinas, eventos educativos), documentários (abordando questões históricas, sociais, culturais, tecnológicas), museus, música, etc.

- **EXPERIÊNCIA.** Viagens diversificadas (quanto mais diferentes, mais ampliam as nossas perspectivas do mundo), *hobbies*, instrumentos musicais, eventos culturais, filmes, séries, cinemas, novos alimentos, novas comunidades, novas tecnologias, novos contextos, novas sensações, combinações, esportes, autodesafios, entretenimento, museus, música, shows, espetáculos variados, etc.

- **INTERAÇÃO COM A DIVERSIDADE.** Por mais que questionemos, estudemos e experimentemos tudo o que pudermos, o nosso repertório, ainda assim, é limitado e parcial, pois sua construção é determinada apenas por nossas capacidades, nossas experiências e nossos vieses. Mas, quando estabelecemos relações com pessoas de diferentes culturas, origens, idades e perspectivas, conseguimos ampliar o repertório para experiências, conhecimentos e percepções para muito além dos nossos. Essa, portanto, é uma das melhores formas de enriquecer o repertório e contribui não apenas para o pensamento crítico como também para a ampliação do respeito humano, da criatividade e da inovação. A interação com a diversidade pode ser feita por meio de estudos e de experiências que envolvam e abracem esse aspecto.

Assim, ampliar e enriquecer o repertório é uma jornada permanente de aprendizado e descoberta. Expandir o repertório é um investimento contínuo em si mesmo. Com um esforço consciente e a atitude certa, é possível melhorar constantemente o repertório e, consequentemente, a capacidade de compreensão e pensamento crítico.

Persuasão racional

Enquanto o questionamento e o repertório estabelecem os recursos para "capturar, perceber e experimentar" o mundo, a **persuasão racional** fornece o mecanismo de processamento do pensamento para "**examinar a vida**" na busca de conhecimento e compreensão para **alcançar a verdade**. Esse processo depende intrinsecamente de três disciplinas intimamente relacionadas: a lógica, a argumentação e a retórica. Elas trabalham juntas na estruturação e na apresentação de ideias, processos fundamentais para pensar criticamente.

A **argumentação** combina a **lógica rigorosa** (para garantir que os argumentos sejam válidos e sólidos) com a **retórica eficaz** (para apresentar esses argumentos de maneira convincente ao público-alvo). Assim, a lógica pode ser vista como a espinha dorsal do argumento, enquanto a retórica é a pele que o reveste, tornando-o atraente. Sem a lógica, o argumento não faz sentido e se torna fraco; sem retórica, o argumento não se revela e se torna inútil.

Juntas, a lógica, a argumentação e a retórica são os instrumentos para desenvolver e apresentar argumentos persuasivos e bem fundamentados. Vamos a elas, então.

ARGUMENTAÇÃO

A argumentação é **alma do pensamento crítico**. Ela se alimenta pelo questionamento e pelo repertório, estrutura-se com base na lógica e se apresenta por meio **da retórica.** É pela argumentação que ocorre o processo de **embate e refinamento de ideias e posições** que possibilitam a **melhoria do pensar**.

Argumentar é a arte de influenciar ou convencer, combinada com a ciência de persuadir alguém em direção a uma posição ou um ponto de vista por meio de razões ou evidências. Para isso, a argumentação se concentra tanto na **validade lógica dos argumentos** quanto em como **eles podem influenciar ou convencer** outras pessoas. Nesse sentido, qualquer área que envolva discussão de ideias se beneficia do domínio da argumentação, como retórica, direito, comunicação, política e filosofia.

Para dominar a argumentação, é necessário entender os **elementos que a fundamentam** e saber aplicá-los de forma eficaz. Esses elementos dialogam tanto com a lógica quanto com a retórica; portanto, para construir uma boa argumentação é preciso dominar tanto uma quanto a outra. Eles são explicados a seguir.

- **TESE OU AFIRMAÇÃO.** Trata-se do ponto central ou da ideia principal que se deseja defender ou contra a qual se deseja argumentar. Por exemplo, "A adoção de IA em empresas é essencial para melhorar a eficiência e manter a competitividade no mercado atual".

- **EVIDÊNCIAS OU DADOS.** São os fatos, estatísticas, exemplos ou testemunhos que sustentam a tese. Eles fornecem a base para a argumentação e devem ser relevantes e confiáveis. Por exemplo, "De acordo com o Instituto de Pesquisa em Tecnologia, empresas que implementaram IA viram um aumento de 10% na produtividade e uma redução de 15% nos custos operacionais".

- **RACIOCÍNIO OU LÓGICA (*LOGOS*).**[21] É a conexão estabelecida entre a tese e as evidências. Uma argumentação eficaz deve seguir uma lógica coerente, sem incorrer em falácias ou erros de raciocínio. Por exemplo, "Se a IA pode aumentar a produtividade e reduzir custos, empresas que a adotam estarão em uma posição mais forte para competir e prosperar no mercado".

- **CONTRA-ARGUMENTOS.** São as objeções ou os pontos levantados por opositores ou críticos da tese. Reconhecer e refutar contra-argumentos fortalece a argumentação. Por exemplo, "Muitos alegam que a IA pode resultar em perda de empregos. No entanto, a História mostra que

---

21 A argumentação e a retórica são interdependentes. Vemos aqui, nos elementos que fundamentam a argumentação, a presença dos recursos da retórica. Um deles é o *logos*, referente ao uso da razão para persuadir. Os outros dois são o *páthos* e o *ethos*. Vamos nos aprofundar nos recursos persuasivos mais adiante, na discussão sobre retórica.

a tecnologia frequentemente transforma empregos em vez de eliminá-los, criando oportunidades no processo".

- **CREDIBILIDADE (*ETHOS*).** Refere-se à confiabilidade e à autoridade do argumentador (orador, escritor, etc.). Estabelecer credibilidade é fundamental para persuadir o outro. Por exemplo, "Trabalhando como cientista de dados por mais de uma década, observei a transição de empresas manualmente intensivas para operações otimizadas por IA".

- **APELO EMOCIONAL (*PÁTHOS*).** Embora a lógica seja central para a argumentação, apelos emocionais também podem ser eficazes, especialmente quando se busca persuadir o outro. Histórias pessoais, exemplos tocantes e linguagem emotiva são formas de apelo emocional. Por exemplo, "Imagine um mundo onde tarefas repetitivas são automatizadas, permitindo que os funcionários se concentrem em tarefas mais significativas e criativas, elevando o potencial humano a novos patamares".

- **CONCLUSÃO.** É o fechamento da argumentação, em que o argumentador reafirma sua tese, resume seus principais pontos e, por vezes, faz um apelo à ação. Por exemplo, "Considerando os claros benefícios em eficiência e os novos horizontes que a IA abre para os trabalhadores, é imperativo para as empresas adotar essa tecnologia".

- **CLAREZA E ESTRUTURA.** A clareza na apresentação dos argumentos e uma estruturação lógica são essenciais para que o público compreenda e seja persuadido. Isso envolve organização cuidadosa das ideias, uso de transições claras e linguagem compreensível. Por exemplo, "Para compreender o impacto da IA nas empresas, vamos examinar primeiro os benefícios em termos de produtividade; em seguida, os aspectos econômicos e, finalmente, discutir as implicações para a força de trabalho".

- ■ **RECONHECIMENTO DAS LIMITAÇÕES.** Em uma argumentação honesta e robusta, é importante reconhecer as limitações do próprio argumento ou as áreas em que há incerteza. Por exemplo, "É válido reconhecer que a implementação inicial da IA pode ser dispendiosa e que existe uma curva de aprendizado para os funcionários. Entretanto, o retorno sobre o investimento no longo prazo e a adaptabilidade do mercado de trabalho são evidentes".

- ■ **ATENÇÃO A FALÁCIAS.** Falácias são erros ou enganos no raciocínio que podem enfraquecer a argumentação. Vemos isso ocorrer nas generalizações apressadas, nos ataques pessoais (*ad hominem*) e nos apelos à popularidade. Eis um exemplo de falácia a ser evitada: "Todas as grandes empresas estão adotando IA, então, se você não adotar, sua empresa ficará obsoleta". Agora, um exemplo de correção da falácia: "Muitas empresas líderes estão adotando IA devido aos benefícios tangíveis que ela oferece em eficiência e inovação".

A construção de uma boa argumentação, portanto, requer uma estruturação lógica, persuasiva e atraente, a qual depende da coordenação desses vários elementos. Para facilitar esse processo, existem modelos que auxiliam na estruturação dos elementos (figura 5.2).

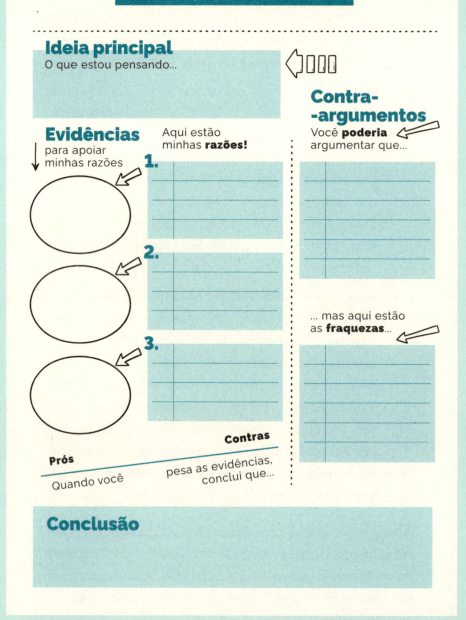

Figura 5.2 Modelo para a construção de uma argumentação, estruturando os seus elementos.

Note-se que a argumentação é um processo vivo, o qual se transforma conforme novas evidências se apresentam. Portanto, a melhor forma de dominar a arte da argumentação é por meio da prática e da reflexão contínuas, com uma mentalidade aberta para receber *feedbacks* e disposição para ajustar e aprimorar os argumentos conforme necessário.

LÓGICA

A **lógica** é o estudo dos princípios de validade do raciocínio com o objetivo de garantir que, a partir de certas premissas ou observações, as conclusões sejam corretamente deduzidas ou inferidas. Nesse sentido, a função da lógica é promover a **clareza**, a **consistência** e a **validade** no pensamento e no raciocínio. Para tanto, ela fornece métodos para avaliar argumentos, resolver problemas de forma sistemática, identificar falácias, comunicar efetivamente e evitar contradições. Dessa forma, ela nos ajuda a pensar de maneira ordenada e racional, estruturando o pensamento.

A lógica formal se fundamenta em três conceitos básicos principais: (1) premissas, (2) conclusão e (3) verdade.

As **premissas** são as afirmações ou declarações iniciais em um argumento. Elas são usadas como evidência para apoiar a conclusão. Por exemplo, em um argumento como "Todos os seres humanos são mortais, Sócrates é um ser humano, portanto Sócrates é mortal", as duas primeiras partes ("Todos os seres humanos são mortais" e "Sócrates é um ser humano") são as premissas.

A **conclusão** é a afirmação que se segue logicamente das premissas em um argumento. É a ideia que você está tentando estabelecer com base nas premissas. No exemplo aqui, "Sócrates é mortal" é a conclusão.

Já a **verdade** diz respeito à realidade das afirmações individuais, ou seja, se as premissas e a conclusão são factualmente verdadeiras. Em um argumento válido, se todas as premissas são verdadeiras, então a conclusão também é verdadeira. Por exemplo: "Todos os pássaros têm asas. O pardal é um pássaro. Portanto, o pardal tem asas". No entanto, quando uma ou mais premissas são falsas, a conclusão pode não ser verdadeira. Por exemplo: "Todas as aves voam. A avestruz é uma ave. Portanto, a avestruz voa". Nesse caso, a premissa falsa que levou a uma conclusão não verdadeira é a de que "Todas as aves voam".

RETÓRICA

A retórica,[22] junto da gramática e da lógica, compõe as três artes antigas do discurso, que se complementam para estruturar a **linguagem**: a lógica se ocupa da validade dos argumentos, a gramática diz respeito às regras e estruturas que governam a língua e a retórica se concentra em como as palavras e os argumentos são usados para **influenciar**, **cativar** e **convencer** determinado público. A retórica, portanto, é conhecida também como a arte da **persuasão**.

---

22 As três artes antigas do discurso – retórica, gramática e lógica –, denominadas *Trivium*, são um subconjunto das Sete Artes Liberais da Antiguidade, que compreendiam também as quatro artes do *Quadrivium* (astronomia, aritmética, geometria e música).

Para ser bem-sucedida, a persuasão retórica precisa se fundamentar com argumentos lógicos e evidências convincentes. Portanto, **argumentação** e **retórica** estão interligadas para alcançar uma comunicação persuasiva eficaz, desempenhando papéis importantes em várias áreas do conhecimento, incluindo filosofia, matemática, comunicação, direito, política e muitas outras.

A relação simbiótica entre **retórica** e **argumentação** funciona como uma **fogueira**, em que a argumentação é o fogo e a retórica é a lenha que faz o fogo aparecer. A argumentação não consegue se revelar sem a retórica, da mesma forma que o fogo não se manifesta sem a lenha. E, tal qual a lenha que, sem o fogo, não gera fogueira, a retórica se torna vazia,[23] manipulativa[24] ou exclusivamente estilística[25] sem a argumentação.

O quadro 5.2 apresenta a interdependência entre retórica e argumentação com três exemplos de variações de combinações entre elas para uma mesma afirmação.

---

23 Estratégias de persuasão vazias (discursos que se concentram apenas na retórica superficial, como o uso de figuras de linguagem sem fornecer um argumento substancial para apoiar sua posição) ou discurso vazio de conteúdo (caso de discursos eloquentes, mas que carecem de conteúdo substancial ou argumentação sólida). Isso é muitas vezes chamado de "retórica vazia" ou "retórica oca".

24 Manipulação emocional consiste no uso das técnicas retóricas para apelar às emoções do público sem apresentar argumentos racionais sólidos. Isso é comum em discursos políticos ou publicitários que buscam criar uma conexão emocional mesmo que não tenham argumentos ou fundamentações.

25 Oratória exclusivamente estilística ocorre quando a retórica pode ser usada principalmente para criar um efeito estilístico ou artístico sem necessariamente apresentar argumentos robustos (por exemplo, em cerimônias formais ou entretenimento).

Quadro 5.2 Exemplos de variação de retórica e argumentação para uma mesma afirmação.

Afirmação: "Todos deveriam adotar um estilo de vida mais sustentável".

VARIAÇÃO	RETÓRICA	ARGUMENTAÇÃO
1	"Para garantir um futuro brilhante para nossos filhos e netos, todos nós devemos adotar um estilo de vida mais sustentável. O planeta é nossa casa, e é nosso dever protegê-lo."	Estilos de vida insustentáveis levam à degradação ambiental; mudanças climáticas têm como uma das causas a atividade humana; práticas sustentáveis reduzem nossa pegada ecológica.
2	"Nossa Terra é um presente precioso que nos foi dado. Se quisermos que as gerações futuras desfrutem de suas maravilhas, todos nós precisamos adotar um estilo de vida mais sustentável agora."	Recursos naturais são finitos; a perda de biodiversidade ameaça ecossistemas; investir em energia renovável cria empregos.
3	"Imagine um mundo em que o ar é puro, os oceanos estão limpos e a natureza floresce em harmonia. Esse sonho poderá se tornar realidade se todos nós adotarmos um estilo de vida mais sustentável."	Poluição do ar está relacionada a problemas de saúde; os oceanos estão se tornando mais ácidos; comunidades sustentáveis são mais resilientes.

Aristóteles, filósofo grego e um dos retóricos mais influentes da Antiguidade, classificou os recursos retóricos em três categorias principais (figura 5.3). São os "modos de persuasão", *ethos*, *páthos* e *logos*, citados anteriormente este capítulo.

Figura 5.3 Modos de persuasão da retórica.

- **ETHOS.** Como vimos, refere-se à credibilidade ou ao caráter do orador. Aristóteles acreditava que a confiança do público no orador é crucial para a persuasão. *Ethos* é estabelecido quando a pessoa que argumenta demonstra conhecimento, experiência, honestidade e boa intenção. Um orador com forte *ethos* é visto como confiável e respeitável, o que torna sua argumentação mais persuasiva.

- **PÁTHOS.** Conforme dito anteriormente, envolve apelar para as emoções do público. Aristóteles entendia que as emoções têm um papel significativo na tomada de decisões. Ao despertar sentimentos como compaixão, medo, raiva ou alegria, o orador pode influenciar as atitudes e ações do público. *Páthos* é frequentemente alcançado por meio do uso de histórias, metáforas, linguagem emotiva e exemplos vívidos.

- *LOGOS.* Refere-se ao uso da lógica e da razão para persuadir. Isso inclui a apresentação de fatos, estatísticas, argumentos lógicos e evidências para apoiar o ponto de vista do orador. Uma argumentação bem fundamentada e lógica pode convencer o público da validade das afirmações do orador.

Além desses três modos principais de persuasão, Aristóteles enfatizava a importância da **kairos**, que é o *timing* e a oportunidade. Isso envolve escolher o momento certo para fazer um argumento e adaptar a mensagem às circunstâncias específicas.

Quadro 5.3 Exemplos de uso dos modos de persuasão da retórica (*ethos*, *páthos* e *logos*).

MODO DE PERSUASÃO	SITUAÇÃO	EXEMPLO
Ethos ou caráter	Uma médica falando sobre a importância da vacinação em uma conferência.	"Como médica com mais de vinte anos de experiência no campo da imunologia, tendo trabalhado diretamente com a formulação de vacinas, posso lhes assegurar que a vacinação é um método seguro e eficaz para prevenir doenças graves. Minha dedicação à saúde pública tem sido a força motriz do meu trabalho."
Páthos ou emoção	Um ativista ambiental discursando em um evento sobre mudança climática.	"Imagine o mundo que deixaremos para os nossos filhos se não agirmos agora. Um mundo onde as praias que amamos desaparecem, onde incêndios florestais consomem casas e sonhos, e onde as espécies que encantam nossos corações se extinguem. Podemos sentir a dor dessas perdas e devemos canalizar essa emoção para ação imediata."

(cont.)

MODO DE PERSUASÃO	SITUAÇÃO	EXEMPLO
Logos ou lógica	Um economista apresentando um novo plano econômico.	"De acordo com a análise de dados dos últimos dez anos, há uma correlação direta entre o investimento em educação e o crescimento econômico. Países que aumentaram os gastos com educação em 5% viram um crescimento do PIB de pelo menos 2% no ano seguinte. Portanto, nosso plano propõe aumentar o orçamento da educação como um investimento estratégico para estimular a economia."

Em suma, lógica, argumentação e retórica são fundamentos indispensáveis para a persuasão racional que dá vida ao pensamento crítico. Educação, treinamento e prática contínua são as melhores formas de aprimorá-las para pensarmos melhor.

Superação de vieses cognitivos

Entre os principais desafios para se pensar criticamente estão os vieses cognitivos,[26] que são desvios sistemáticos de racionalidade e lógica que acontecem no sistema cognitivo durante o processamento e a interpretação de informações. Eles podem ser particularmente perigosos porque, muitas vezes, não percebemos que existem; assim, atuam como um inimigo invisível e poderoso dentro de nós, contaminando nossa percepção e julgamento, prejudicando o pensamento crítico.

---

26 Os vieses cognitivos foram inicialmente identificados e explorados pelos psicólogos Daniel Kahneman e Amos Tversky nas décadas de 1960 e 1970.

Tomando consciência do processo de enviesamento e seu funcionamento, podemos dizer que um viés cognitivo atua como um "**atalho**" que a nossa mente usa para tomar decisões ou formar julgamentos de maneira mais rápida. Esses atalhos normalmente são utilizados porque o nosso cérebro está tentando **simplificar** as informações processadas, **economizar energia** cognitiva ou se **adaptar** a mudanças no ambiente. No entanto, apesar de buscarem facilitar a tomada de decisão e a navegação em um mundo complexo, os vieses cognitivos podem nos levar a **conclusões imprecisas ou irracionais**, desviando-nos do pensamento lógico e racional, resultando em erros. O equilíbrio, portanto, está em **reconhecer e gerenciar esses vieses**, aplicando a objetividade quando possível e permitindo o fluxo natural do viés quando apropriado e benéfico para o contexto em questão.

Por isso, um dos pilares do pensamento crítico é a busca constante e contínua de **superar os vieses cognitivos** – tanto os conscientes quanto os inconscientes –, que prejudicam a neutralidade, o respeito e a persuasão racional com base em fatos e evidências, não permitindo distorções enviesadas.

COMO ELES SE MANIFESTAM?

Existem mais de 180 vieses cognitivos identificados.[27] Eles se desenvolveram em nossos antepassados para permitir decisões rápidas em ambientes incertos ou perigosos. Assim, eles

---

27   HASELTON, M. G.; NETTLE, D.; ANDREWS, P. W. The Evolution of Cognitive Bias. In: BUSS, D. M. (org.). **The Handbook of Evolutionary Psychology**. Hoboken: John Wiley & Sons, 2005.

não devem ser vistos apenas como "erros" de pensamento, mas entendidos também como **resquícios evolutivos da nossa cognição**. Em sua maioria, os vieses cognitivos são padrões automáticos de pensamento que se desenvolveram ao longo de milhares de anos de evolução humana, enraizando-se nas estruturas e funções cerebrais. Por isso, os vieses preexistentes tendem a persistir mesmo nos contextos em que, eventualmente, não mais sejam necessários. No entanto, enquanto essa mudança no nível evolutivo é lenta, a mudança cultural ou tecnológica pode ser rápida.

À medida que os ambientes mudam (com a urbanização, mudanças globais ou novos tipos de trabalho), os vieses que eram adaptativos em um ambiente anterior podem se tornar mal adaptativos em outro. Por exemplo, o viés da disponibilidade (que nos faz dar mais peso a informações recentes ou memoráveis) pode ter sido útil em um ambiente selvagem, no qual era crucial lembrar-se rapidamente de perigos recentes, mas esse viés torna-se prejudicial em ambientes que não apresentam esse tipo de perigo, como os atuais.

De modo geral, os vieses cognitivos evoluem de acordo com as **pressões evolutivas**, as **influências culturais**, os avanços na **compreensão** e no **desenvolvimento humano**[28] e as mudan-

---

28 Ao longo do tempo, os fatores "influências culturais" e "avanços na compreensão e no desenvolvimento humano" se impactam mutuamente na relação "indivíduos *versus* sociedade". Enquanto indivíduos podem trabalhar para superar os seus vieses, as estruturas da sociedade podem reforçá-los, como é o caso de culturas que valorizam determinados comportamentos ou crenças, reafirmando, assim, os vieses associados a eles, mesmo que os indivíduos estejam tentando combatê-los. Por outro lado, quando uma cultura se transforma na direção de um trabalho conjunto para superar determinado viés, ela se torna um vetor de mudança, influenciando os indivíduos a se transformarem também.

ças no **ambiente**. No entanto, por trás desses fatores existe um elemento predominante: a **tecnologia**. Ela tem gerado pressões evolutivas e influências culturais e impactado a compreensão e o desenvolvimento humano. Além disso, tem se constituído no principal vetor de aceleração das mudanças no ambiente. Portanto, a tecnologia tem um papel significativo na transformação de vieses. Nesse sentido, ela pode ser um elemento que (1) causa o surgimento de novos vieses cognitivos, (2) intensifica vieses preexistentes, ou (3) ajuda a mitigar vieses preexistentes.

O **viés de confirmação**,[29] por exemplo, tende a ser **intensificado** pelas tecnologias digitais de informação, pois, apesar da provável existência de uma infinidade de "informações" on-line contrárias a determinada crença, existe também uma vastidão de "informações" que a confirmam. O grande volume de "evidências" a favor de uma crença pode ampliar a ilusão equivocada de uma ampla fundamentação para decisão, quando na realidade foi negligenciada uma enorme quantidade de evidências contra ela. O autodiagnóstico de saúde é um desses contextos impactados pela intensificação do viés da confirmação – as pessoas leem sobre uma doença na internet e passam a acreditar que possuem todos os sintomas. Mesmo que médicos constatem que a pessoa não está doente, ela continua pesquisando on-line e dando mais crédito a fontes que confirmem o seu autodiagnóstico, enquanto desconsidera informações médicas profissionais que o contradizem.

---

29 Tendência do nosso cérebro de dar mais atenção às informações que confirmam as nossas crenças existentes, enquanto ignora dados que as contrariam.

O **efeito Google**[30] é um exemplo recente de como a tecnologia pode gerar **novos vieses cognitivos**. Identificado em 2011 após o surgimento das ferramentas de busca na internet, esse viés se refere à tendência de as pessoas esquecerem informações que acreditam poder encontrar facilmente *on-line*, usando buscadores como o Google. A ideia é de que o nosso cérebro utilize a internet como uma forma de "memória externa", sabendo que podemos utilizar a tecnologia para acessar informações a qualquer momento. Por esse motivo, não precisamos nos lembrar de detalhes específicos, apenas onde encontrar a informação. Isso é uma demonstração interessante de como a nossa memória se adapta à tecnologia que emerge, não significando em si algo necessariamente negativo ou prejudicial. No entanto, esse viés pode afetar o pensamento crítico de inúmeras formas – por exemplo, a confiança excessiva na tecnologia resultando em tomada de decisão baseada em informações incorretas ou não verificadas.

Outro viés que vale a pena discutir aqui é o **Dunning-Kruger**,[31] não só pelo fato de ele se **intensificar** com a ascensão das tecnologias digitais, mas também, e principalmente, devido ao grande impacto que os seus efeitos, combinados com os

---

30 SPARROW, Betsy; LIU, Jenny; WEGNER, Daniel M. Google Effects on Memory: Cognitive Consequences of Having Information at Our Fingertips. **Science**, v. 333, n. 6.043. Disponível em: https://www.science.org/doi/10.1126/science.1207745. Acesso em: 10 mar. 2025.

31 KRUGER, Justin; DUNING, David. Unskilled and Unaware of It: How Difficulties in Recognizing One's Own Incompetence Lead to Inflated Self-Assessments. **Journal of Personality and Social Psychology**, v. 77, n. 6, 1999.

decorrentes do **viés da confirmação** e do **efeito Google**, têm causado no **pensamento crítico da sociedade**.[32]

O efeito Dunning-Kruger refere-se à tendência de indivíduos avaliarem **mal seu conhecimento e suas habilidades**, de modo que pessoas com baixo conhecimento ou baixa habilidade em determinado assunto tendem a superestimar a sua própria competência, enquanto, paradoxalmente, pessoas com alta competência tendem a subestimar a sua capacidade ou expertise (figura 5.4).

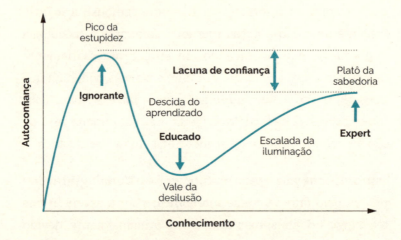

Figura 5.4 Representação gráfica do efeito Dunning-Kruger.

Fonte: adaptado de BHARDWAJ, Addy. Dunning-Kruger Effect and Journey of a Software Engineer. **Geek Culture**, 28 set. 2021. Disponível em: https://medium.com/geekculture/dunning-kruger-effect-and-journey-of-a-software-engineer-a35f2ff18f1a. Acesso em: 10 mar. 2025.

---

32 THE DUNNING-KRUGER Effect Explains Why Society Is So Screwed-Up. **Dialogue & Discourse**, 12 maio 2020. Disponível em: https://medium.com/discourse/the-dunning-kruger-effect-explains-why-society-is-so-screwed-up-1432aca90aa8. Acesso em: 10 mar. 2025.

Imagine alguém aprendendo a tocar violão. Nos primeiros dias, depois de aprender alguns acordes simples, essa pessoa pode pensar: "Isso não é tão difícil, eu sou boa nisso!". Essa é a fase inicial, em que a confiança é alta, mas a habilidade real é baixa (indivíduo **ignorante**, no **pico da estupidez**). No entanto, conforme essa pessoa avança em seus estudos e começa a perceber a profundidade e a complexidade da música (**descida do aprendizado**), ela tende a se sentir menos confiante, mesmo tendo melhorado significativamente suas habilidades. Isso acontece porque ela agora tem mais consciência de que existe muito que ela não sabe (indivíduo **educado, vale da desilusão**). Com a prática contínua ao longo do tempo, a pessoa vai ganhando expertise e ampliando consciente e gradativamente seu conhecimento na área (**escalada da iluminação**) para, eventualmente, atingir o **platô da sabedoria**, tornando-se uma violonista **expert**.

Nesse processo, quanto mais a pessoa avança em conhecimento, mais ela descobre ramificações e possibilidades que ela não conhece, ampliando a sua consciência daquilo que **ela sabe que sabe**, daquilo que ela **sabe que não sabe**, além de, principalmente, da existência de uma infinidade de coisas que **ela provavelmente não sabe que não sabe**. No quadro 5.4, fazemos uma análise da relação entre a consciência do conhecimento (ou habilidade) e a sua existência.

Quadro 5.4 Relação entre a consciência do conhecimento ou da habilidade e a sua existência.

	CONHECIMENTO/HABILIDADE QUE EU POSSUO	CONHECIMENTO/HABILIDADE QUE EU *NÃO* POSSUO
EU SEI **que existe** (consciente)	Conhecimento **disponível** – pronto para uso.	Conhecimento **mapeado** – consciência daquilo que **posso aprender**.
EU NÃO SEI **que existe** (ignorante)	Conhecimento **inconsciente** – potencial oculto.	Conhecimento **desconhecido** – desconhecimento daquilo que posso aprender.

A consciência sobre a ignorância perante aquilo que "não sabemos que não sabemos" tende a diminuir a nossa autoconfiança, mesmo quando se sabe muito sobre o assunto. Daí o paradoxo do efeito Dunning-Kruger, em que pessoas com alta competência tendem a subestimar as suas capacidades ou expertises. Nesse sentido, apesar de ter sido oficialmente reconhecido como um viés recentemente (em 1999), o fenômeno cognitivo Dunning-Kruger já havia sido identificado na Antiguidade por Sócrates, dando origem à sua célebre frase: "Só sei que nada sei".[33]

---

33 A história dessa frase também está relacionada a uma passagem da obra *Apologia de Sócrates*, de Platão, citada anteriormente aqui. De acordo com a narrativa, o Oráculo de Delfos havia proclamado que ninguém era mais sábio do que Sócrates, que ficou perplexo com isso, pois ele próprio não acreditava ser particularmente sábio. Ele, então, começou a conversar com várias pessoas consideradas sábias em Atenas, e descobriu que muitas delas acreditavam saber mais do que realmente sabiam. Por meio do seu método de questionamento, ele verificou a ignorância dessas pessoas e concluiu que, se ele era considerado sábio, era apenas porque ele reconhecia sua própria ignorância, enquanto outros, não.

Um aspecto importante do efeito Dunning-Kruger é que ele oferece riscos e impactos diferentes dependendo do contexto. Por exemplo, não ter consciência da falta de habilidade para cantar, performando mal em um karaokê, pode não causar grandes danos. Entretanto, em outros tipos de ambiente, o impacto de julgar erroneamente as próprias habilidades pode trazer riscos significativos às nossas vidas e às vidas de outros. O viés Dunning-Kruger se torna especialmente prejudicial em cenários mais **complexos**, pois, nesse tipo de ambiente, não conseguimos facilmente identificar relações de **causalidade** entre elementos. Isso pode fazer com que negligenciemos fatos que, aparentemente irrelevantes ou de pequena importância, tenham o potencial de gerar um desencadeamento de acontecimentos e consequências causadores de grande impacto.[34] Portanto, superestimar competências e habilidades nessas situações oferece riscos consideráveis de fracasso.

Um exemplo ilustrativo disso é a área de criptomoedas. Por ser um assunto complexo (envolvendo finanças, investimentos, tecnologia, etc.), deveria ser estudado, avaliado e aprofundado antes de qualquer investimento. No entanto, influenciadas apenas pelo *hype* na mídia, muitas pessoas passam a acreditar que já sabem muito sobre o assunto e investem em novas criptomoedas. As flutuações recorrentes e as quedas abruptas no mercado de criptomoedas revelam a confiança excessiva em fontes não verificadas e que muitas das

---

34   Esse fenômeno em ambientes complexos é conhecido como efeito borboleta. Ver SERRANO, Carlos. Entenda a teoria do caos e o efeito borboleta, que ajudam a explicar o Universo. **BBC News Brasil**, 13 dez. 2021. Disponível em: https://www.bbc.com/portuguese/geral-59617541. Acesso em: 10 mar. 2025.

informações eram especulativas ou distorcidas por interesses alheios, resultando em perdas financeiras relevantes.

Portanto, quanto mais complexos forem os contextos (como investimentos financeiros, política, guerras, geopolítica, etc.) ou áreas do conhecimento, mais necessários se tornarão a **humildade**, o **ceticismo** e a decorrente **pesquisa fundamentada** para combater o efeito Dunning-Kruger. No entanto, infelizmente, com a disseminação das tecnologias digitais, a vastidão de conteúdos disponíveis na internet e as suas dinâmicas de propagação tendem a alimentar a **falsa ilusão do conhecimento**, intensificando não apenas o Dunning-Kruger como também inúmeros outros vieses que prejudicam o pensamento crítico.

Um desses vieses é o **efeito halo**,[35] que ocorre quando a impressão geral que temos sobre uma pessoa influencia como a percebemos em outras dimensões específicas. Em outras palavras, quando alguém é bom em uma área ou tem uma característica particularmente atraente, muitas vezes presumimos automaticamente que essa pessoa é competente ou possui qualidades positivas em outras áreas também. Esse efeito é particularmente acentuado com a inundação de influenciadores digitais que temos acompanhado nos últimos anos: vemos pessoas que são boas apenas em influenciar sendo percebidas como experts em tudo, em decorrência

---

35 DION, Karen; BERSCHEID, Ellen; WALSTER, Elaine. What Is Beautiful Is Good. **Journal of Personality and Social Psychology**, v. 24, n. 3, 1972; EFRAN, Michael G. The Effect of Physical Appearance on the Judgment of Guilt, Interpersonal Attraction, and Severity of Recommended Punishment in a Simulated Jury Task. **Journal of Research in Personality**, v. 8, n. 1, jun. 1974; ABIKOFF, Howard *et al*. Teachers' Ratings of Disruptive Behaviors: The Influence of Halo effects. **Journal of Abnormal Child Psychology**, v. 21, n. 5, out. 1993.

do efeito halo. Isso tem resultado em um fenômeno perigoso de generalização da ilusão de conhecimento, que alimenta o efeito Dunning-Kruger, ampliando o impacto prejudicial que ambos têm causado no pensamento crítico.

Somem-se a isso a **mídia** e os **algoritmos de redes sociais**, que, além de apresentar informações de forma fragmentada, dificultando a sua análise, tendem a reforçar opiniões existentes, buscando fomentar o engajamento e não o pensamento crítico. Com isso, em vez de humildade, ceticismo e pesquisa fundamentada, temos testemunhado o aumento de comportamentos opostos: **arrogância**, **ignorância** e **achismos**. Isso tem contribuído para o crescimento de alguns fenômenos sociais perigosos, como polarizações de opiniões, teorias da conspiração, *fake news*, negacionismo e pós-verdade em todas as dimensões da vida – política, religião, saúde, educação, etc.

No entanto, se por um lado vimos que a tecnologia pode intensificar ou causar o surgimento de vieses cognitivos, por outro, ela pode **ajudar a combatê-los** e, nesse processo, **corrigir injustiças e salvar vidas**. Esse é o caso da identificação visual por testemunhas. Pesquisas indicam que essa é, provavelmente, a forma mais persuasiva de evidências apresentadas em julgamentos, embora muitas vezes tenha acurácia duvidosa.[36] A memória é suscetível a vieses cognitivos e erros, como esquecimento, mistura de detalhes e até criação de falsas lembranças. Um desses vieses é o **efeito de desinformações**: as pessoas acreditam que a sua memória é como uma

---

36   LANEY, Cara; LOFTUS, Elizabeth F. Eyewitness Testimony and Memory Biases. **NOBA**, 15 set. 2018. Disponível em: https://nobaproject.com/modules/eyewitness-testimony-and-memory-biases. Acesso em: 10 mar. 2025.

fotografia registrada no cérebro; no entanto, cada vez que lembramos um episódio, na realidade estamos reconstruindo esse episódio na nossa mente e, nesse processo, somos sugestionados por outros e passamos a coletivamente criar memórias falsas. Após o surgimento dos testes de DNA, verificou-se em um estudo nos Estados Unidos que testemunhos falsos de identificação visual estavam envolvidos em pelo menos 75% dos casos de indivíduos que foram condenados injustamente e, posteriormente, inocentados.[37]

COMO COMBATÊ-LOS?

Mitigar os vieses cognitivos é uma tarefa desafiadora devido à natureza da cognição humana. Como todos nós somos naturalmente enviesados, precisamos encontrar **métodos que vão além da nossa própria cognição** para conseguir combater esses vieses. Vejamos esses métodos.

- **CONSCIÊNCIA DOS VIESES**. Conhecer os vieses cognitivos e como as suas manifestações afetam o pensamento e a tomada de decisão é o primeiro passo para combatê-los.

- **PRÁTICA DE PENSAMENTO CRÍTICO**. Da mesma forma que os demais pilares do pensamento crítico, a superação de vieses cognitivos o impacta e é impactada por ele (o pensamento crítico). Portanto, praticá-lo combate os vieses cognitivos; a superação dos vieses depende de pensamento crítico.

---

37 GARRETT, B. L. **Convicting the Innocent**. Cambridge: Harvard University Press, 2011.

- **EXPOSIÇÃO À DIVERSIDADE.** Quanto maior a diversidade de um grupo de pessoas, maior a quantidade de pontos de vista distintos, fontes de informação diversas e experiências variadas compartilhadas e confrontadas, criando um ambiente que, além de favorecer a identificação de vieses, desafia a conformidade de pensamentos. Isso tende a beneficiar o pensamento crítico e, consequentemente, a performance em times diversos.[38] Estudos apontam que organizações com diversidade ganham fluxos financeiros duas vezes e meia mais altos por colaborador e que times inclusivos são mais produtivos em mais de 35%.[39]

- ***FEEDBACK* E ESCUTA ATIVA.** Buscar genuinamente o *feedback*, abrir-se a críticas construtivas e ter disposição para ajustar crenças e decisões com base em novas informações ajudam a identificar e combater vieses.

- **DESACELERAÇÃO DO PENSAMENTO.** Evitar tomar decisões apressadas e impulsivas, pois os vieses cognitivos muitas vezes se manifestam devido à aceleração do processo do pensamento. Por isso, uma das formas de combatê-los é dedicar tempo para refletir antes de tomar decisões.

- **VERIFICAÇÃO DE FATOS.** A postura cética de verificação da validade, adequação e precisão das informações,

---

38 DIXON-FYLE, Sundiatu. Diversity Wins: How Inclusion Matters. **McKinsey & Company**, 19 maio 2020. Disponível em: https://www.mckinsey.com/featured-insights/diversity-and-inclusion/diversity-wins-how-inclusion-matters. Acesso em: 10 mar. 2025.

39 DIVERSITY AND INCLUSION (D&I) Global Market Report 2022: Diverse Companies Earn 2.5 Times Higher Cash Flow Per Employee and Inclusive Teams Are More Productive by Over 35%. **Globe Newswire**, 9 ago. 2022.

cruzando-as utilizando várias fontes confiáveis, está na raiz do pensamento crítico e é uma das principais formas de buscar a superação dos vieses cognitivos em qualquer contexto.

- **REPERTÓRIO.** A ampliação do conhecimento é um dos métodos naturais de verificar fatos e informações, pois, quanto maior o repertório adquirido, mais facilmente conseguimos detectar discrepâncias e desvios de pensamento. O repertório se expande e enriquece também pela contribuição da diversidade.

- **MENTE ABERTA.** O esforço cético de não se apegar rigidamente a crenças e a abertura a novas ideias e evidências também estão na base do pensamento crítico, favorecendo o combate a vieses.

- **DESENVOLVIMENTO DE HABILIDADES SOCIOEMOCIONAIS.** Quando desenvolvidas e aplicadas de maneira eficaz, as habilidades socioemocionais servem como ferramentas valiosas para reduzir o impacto dos vieses cognitivos, pois elas promovem uma integração equilibrada entre emoção e razão, permitindo uma tomada de decisão mais ponderada, inclusiva e objetiva.

Valores

Valores são princípios ou padrões de comportamento considerados importantes ou desejáveis por um indivíduo, um grupo ou uma sociedade. Eles atuam como **bússolas morais** e **éticas**, guiando as escolhas, as ações e os julgamentos das pessoas. Os valores podem incluir conceitos como honestidade, respeito, responsabilidade, justiça e compaixão, entre outros.

No contexto do pensamento crítico, os valores desempenham um papel crucial por várias razões. Vejamos.

- **FUNDAMENTAÇÃO ÉTICA.** Os valores fornecem uma base ética para o pensamento crítico, ajudando a determinar não apenas o que é logicamente correto como também o que é ética e moralmente aceitável. Por exemplo, um médico está decidindo entre dois tratamentos para um paciente. Um tratamento é mais barato, mas menos eficaz. O outro é caro, mas tem maior chance de sucesso. O médico usa o valor da "preservação da vida" como fundamento ético para escolher o tratamento mais eficaz, mesmo que seja mais caro.

- **DIRECIONAMENTO DE ARGUMENTOS.** Ao avaliar argumentos e evidências, é importante considerar os valores subjacentes. Isso ajuda a identificar possíveis preconceitos e a entender melhor as perspectivas dos outros. Por exemplo, durante um debate sobre políticas ambientais, um participante argumenta fortemente contra a regulamentação da poluição, valorizando a "liberdade econômica". Outro participante argumenta a favor da regulamentação, priorizando o valor da "sustentabilidade ambiental". Reconhecer esses valores subjacentes ajuda a entender as motivações de cada argumento.

- **PROMOÇÃO DO DIÁLOGO CONSTRUTIVO.** O reconhecimento de valores compartilhados pode facilitar o diálogo e a compreensão mútua, especialmente em debates sobre questões polêmicas. Por exemplo, em uma discussão sobre reforma educacional, educadores de diferentes perspectivas encontram um terreno comum no valor da "igualdade de oportunidades". Esse valor compartilhado ajuda a facilitar um diálogo construtivo e colaborativo, apesar de outras diferenças.

- **DESENVOLVIMENTO DE EMPATIA.** Ao reconhecer e respeitar os valores dos outros, o pensamento crítico pode ser mais empático e inclusivo. Por exemplo, um jornalista está escrevendo sobre um conflito em outra cultura. Ao reconhecer e respeitar os valores dessa cultura, como "importância da comunidade" e "tradições locais", ele é capaz de desenvolver uma reportagem mais equilibrada e empática.

Assim, os valores são fundamentais no pensamento crítico, pois fornecem uma dimensão ética e humana essencial à análise racional e à tomada de decisões. Eles ajudam a garantir que o pensamento crítico seja não apenas lógico, mas também ético e socialmente responsável.

Devido à sua importância no direcionamento do pensamento crítico, os valores precisam ser **cuidadosamente selecionados** e pensados para que se tornem **faróis** de direcionamento, e não **prisões** limitantes, como os vieses cognitivos. Quanto mais amplo e aberto o nosso conjunto de valores e atitudes, **maior o alcance** do pensamento crítico. Portanto, questionar e revisitar valores e atitudes para revalidá-los ou descartá-los é uma característica importante do pensamento crítico.

"Lucidificando" futuros

Discutimos neste capítulo a "lucidificação" do presente por meio do pensamento crítico. No entanto, apesar do seu papel estratégico fundamental, inclusive para o desenvolvimento das demais habilidades, é importante observar que, por melhor que ele seja, o **pensamento crítico** pode, ainda assim, ser **insuficiente para uma visão estratégica ampla**. Isso porque ele se concentra principalmente na análise do **presente** e na identificação de **falhas em argumentos ou dados existentes**. No entanto, **o futuro é incerto e não pode ser analisado apenas com base no que já sabemos**.

Em função disso, o **letramento em futuros** complementa essa limitação ao ensinar a imaginar cenários alternativos, antecipar tendências e tomar decisões considerando **possibilidades no longo prazo**. Sem essa habilidade, mesmo um pensador crítico pode **ficar preso a uma mentalidade reativa**, sem conseguir **antecipar e se preparar para mudanças** disruptivas ou **criar estratégias** inovadoras para **moldar o futuro desejado**.

Portanto, no próximo capítulo, vamos nos dedicar a "lucidificar" futuros.

ENXERGANDO FUTUROS

Os futuros de hoje
não costumam ser
mais como os de
antigamente.

❝

Por que ler este capítulo.
Assista:

Se colocarmos bananas e dinheiro na frente de um macaco, ele provavelmente escolherá as frutas, mesmo que elas sejam poucas e o dinheiro, muito. Isso ocorre porque macacos não sabem que dinheiro pode comprar muitas bananas. Ou seja, **quando não se entendem as regras** do jogo, **não se consegue enxergar** onde está a verdadeira riqueza.

Nesse sentido, independentemente de o jogo ser bananas, xadrez, futebol, Roblox ou a **vida**, para sobreviver ou para melhorar os nossos resultados é necessário, antes, aprender as **regras** desse jogo. Somente depois disso é que se torna possível saber quais **competências** serão necessárias para obter **performance**, escolher **parcerias**, entender os melhores **ambientes** para jogar e assim por diante. Conhecer as regras do jogo, portanto, dá **direção** para a **tomada de decisões e ações**. Desde os primórdios da humanidade, aqueles que conseguiram entender as regras do que estava acontecendo em cada período da História souberam desbloquear recursos, ganhando vantagem competitiva e liderando a nossa evolução.

No entanto, se até recentemente o jogo da vida era lento e com regras fixas, hoje a situação é oposta – o jogo se tornou tão dinâmico e acelerado que suas regras mudam constante e rapidamente. Tanto que o cérebro humano não consegue mais acompanhá-las sem usar algum tipo de auxílio para **ampliar a sua capacidade e a velocidade** biológica natural de compreensão e aprendizado. O aumento da complexidade nas últimas décadas torna impossível analisar causalidades presentes e traçar estratégias futuras sem utilizar metodologias e tecnologias para ajudar no processo. Nesse contexto, uma das metodologias mais eficientes para auxiliar a enxergar as regras do jogo e suas mudanças dinâmicas no futuro, favorecendo a tomada de decisões e ações, é o **futurismo** – por isso, esse é o nosso foco aqui.

Futuros: previsão, visão e ação

Se, por um lado, não é possível prever o futuro, por outro, podemos, sim, escolher as melhores opções de caminhos para criá-lo. **Enquanto o futuro acontece para alguns, ele é determinado por outros** – a diferença entre ser vítima ou estrategista do tempo reside na habilidade de conseguir enxergar no presente as sementes dos possíveis cenários emergentes e imaginar os cenários que desejamos criar. O domínio dessa competência nos permite **modificar nossas ações no presente** para evitar futuros indesejados (por exemplo, uma catástrofe climática) e favorecer os que mais nos beneficiariam (como um mundo *human-centric super smart* da Sociedade 5.0).[1]

O PRESENTE CRIANDO O FUTURO

O futuro é uma dimensão aberta que depende **do que se faz no presente** – portanto, as suas sementes **já estão entre nós**. Uma frase escrita por Alvin Toffler[2] no século passado expressa claramente esse conceito: "A mudança é o futuro invadindo as nossas vidas". No entanto, apesar de o futuro dar sinais por meio das sementes da mudança, infelizmente poucos têm sido aqueles que conseguiram enxergá-las ao longo da História para vislumbrar e criar futuros. Esses são os que chamamos de **visionários** e são eles que têm direcionado o futuro de toda a humanidade.

O FUTURO CRIANDO O PRESENTE

É importante observar, entretanto, que não é apenas o presente que cria futuros; o futuro também cria o presente.[3] Quando **imaginamos futuros desejados**, modificamos nossas ações no presente para tentar alcançá-los, impactando, assim, a criação de futuros.

---

1   CABINET OFFICE. **What is Society 5.0?**, 29 nov. 2018. Disponível em: https://www8.cao.go.jp/cstp/english/society5_0/index.html. Acesso em: 10 mar. 2025.

2   TOFFLER, Alvin. **Powershift**: Knowledge, Wealth, and Power at the Edge of the 21st Century. London: Bantam Books,1991.

3   JOHNSON, Mark; SUSKEWICZ, Josh. **Lead From The Future**: How to Turn Visionary Thinking Into Breakthrough Growth. Boston: Harvard Business Review Press, 2000.

Por exemplo, quando planejamos as nossas próximas férias, temos em mente vários parâmetros do presente: *budget*, tempo disponível, preferências de destinos e companhias. Em função disso, passamos a escolher destinos (futuros) possíveis. No entanto, a partir do momento em que decidimos viajar para uma estação de esqui, e não para um *resort* na praia, mudamos todas as ações que faremos no presente para que esse futuro aconteça: preparo de malas, reserva de passagens e de hotéis, etc. Conforme tomamos decisões de longo prazo, como metas de vida ou de negócio, o impacto do futuro imaginado em nossas escolhas presentes torna-se maior. Uma pessoa que se imagina como uma futura empreendedora traçará um caminho de ações completamente distinto do de alguém que se imagina trabalhando em uma organização.

Por isso, a visão, junto de missão e valores, tornou-se um mantra corporativo nas últimas décadas. E, por essa razão, conhecer e declarar "propósito" tem sido cada vez mais uma dimensão fundamental de qualquer negócio ou indivíduo. Essas são formas de imaginar futuros desejados com o objetivo de direcionar a sua construção.

Futurismo

Assim, independentemente da direção (**futuro → presente** ou **presente → futuro**), para estudar e criar futuros contamos com inúmeras metodologias, que configuram um campo de estudo denominado *foresight*, *futures studies* ou futurismo (o nome mais conhecido no Brasil). Apesar de parecer nova, essa disciplina existe formalmente há décadas e tem sido praticada com sucesso desde o século passado.

No entanto, se o assunto não é novidade, por que temos visto recentemente um aumento tão significativo no interesse pelo tema? **Porque os futuros de hoje não costumam ser mais como os de antigamente**, fazendo com que os conhecimentos e as práticas de estudos de futuros se tornem cada vez mais necessários para o sucesso de qualquer instituição ou indivíduo. Vejamos...

Os estudos de futuros normalmente focam um período de dez anos à frente. Uma técnica bastante útil para mapear as diversas versões de futuros para esse intervalo de tempo é o **Cone de Futuros Plausíveis** (*Cone of Plausibility*), desenvolvido por Charles Taylor em 1988 e que posteriormente foi adaptado por diversos futuristas, como na versão de Joseph Voros (figura 6.1).

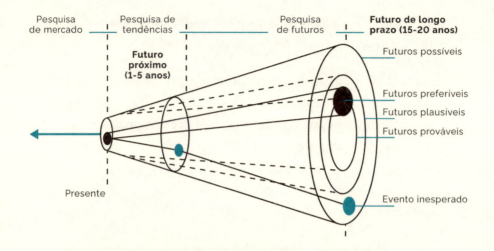

Figura 6.1 Representação do Cone de Futuros de Voros.

Fonte: adaptado de VOROS, Joseph. Futures Cone, Use and History. **The Voroscope**, 24 fev. 2017. Disponível em: https://thevoroscope.com/2017/02/24/the-futures-cone-use-and-history/. Acesso em: 10 mar. 2025.

Considerando a dimensão de negócios, a figura 6.1 mostra os domínios de ação no tempo em que atuam a **Pesquisa de Mercado** (passado), a **Pesquisa de Tendências** (futuro próximo) e a **Pesquisa de Futuros** (estudos do futuro normalmente trabalham com cenários de dez anos).

Note-se que, quanto mais se avança no tempo, distanciando-se do presente, maiores se tornam as áreas das seções do cone, ampliando a quantidade de versões de futuros plausíveis – tornando-se, portanto, mais incertos. Assim, quanto maior o ritmo de mudança, mais aberto se torna o cone, e mais diversos os cenários tendem a ser. Nesse contexto, o maior perigo é traçar estratégias apenas com os cenários visíveis no presente, sem considerar os cenários futuros, que podem **mudar totalmente as regras do jogo**.

A aceleração tecnológica

No passado, quando o **ritmo de mudança no mundo era lento**, não havia grandes diferenças entre o presente e as várias versões de futuros possíveis. O cone tinha uma variação tão pequena que tendia para um formato cilíndrico. Nesse contexto, o aprendizado sobre o passado solucionava grande parte dos problemas que enfrentaríamos no futuro – ou seja, os futuros próximos tendiam a ser muito parecidos com os passados recentes.

Para efeito de comparação, consideremos o tempo de duração de cada era evolutiva nas formas de viver da humanidade:

- Caça e coleta – alguns milhões de anos;
- Era Agrícola – vários milhares de anos;
- Era Industrial (Primeira e Segunda Revoluções Industriais) – alguns séculos;
- Era da Informação (Terceira Revolução Industrial) – décadas;
- Era Cognitiva (Quarta Revolução Industrial) – mudanças constantes.

Podemos notar, portanto, que o **ritmo de mudança lento foi o tom predominante da vida humana durante quase toda a História** e acelerou de forma mais perceptível apenas nas duas últimas décadas, com a Quarta Revolução Industrial. Assim, com exceção dos indivíduos que viveram especificamente os períodos de transições das revoluções tecnológicas (ou climáticas e ambientais) do passado, o ser humano foi evoluindo sem ter que lidar com grandes transformações de mundo durante seu tempo de vida no planeta. Nesse sentido, não evoluímos aprendendo a antecipar cenários, mas para reagir a situações previamente conhecidas. **Desenvolvemos, assim, predominantemente habilidades reativas, e não preditivas.** Essa tem sido a base da nossa educação tradicional, que funcionava bem até recentemente, porque até poucas décadas atrás o ritmo de mudança ainda era lento. Observe, na figura 6.2, como o crescimento tecnológico era pequeno entre 1980 e 1990, mesmo essa sendo uma década pertencente à Terceira Revolução Industrial.

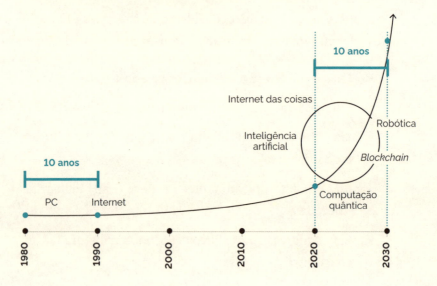

Figura 6.2 Curva representativa da aceleração exponencial da tecnologia entre 1980 e 2030.

No entanto, a situação muda completamente **conforme o ritmo de mudança começa a acelerar** no mundo, mais notadamente a partir do início do século XXI e mais acentuadamente desde 2010. As versões de futuros para cada período de estudo de dez anos passam a se tornar cada vez mais diferentes do momento presente (veja, por exemplo, a projeção de ritmo de mudança tecnológica entre 2020 e 2030 da figura 6.2). Como consequência, as estratégias de vida que usam fórmulas do passado para antecipar os futuros tendem a funcionar cada vez menos. Passamos a precisar de novas estratégias para lidar com os diversos futuros distintos que emergem e que chegam cada vez mais rapidamente.

Assim, se no passado lento os visionários conseguiam enxergar cenários futuros equipados apenas com ferramentas biológicas intuitivas, os visionários atuais precisam se instrumentalizar com o futurismo para conseguir navegar essa aceleração.

Isso explica o crescimento do interesse pela área nas últimas décadas, apesar de o futurismo ter suas origens no início do século passado, com **H. G. Wells**. Ele é considerado o fundador dos estudos de futuros: a sua publicação *Anticipations*, de 1901, propunha cenários para o século XX, abordando temas como transporte, urbanização e mudanças sociais, analisando como o progresso mecânico e científico influenciaria a vida humana e o pensamento, antecipando transformações significativas na sociedade. Em *The Discovery of the Future*, ele discute a possibilidade de conhecer e prever o futuro, enfatizando a importância do pensamento científico e da análise crítica para a compreensão das tendências futuras.

Como disciplina de estudo propriamente dita, o futurismo emergiu na década de 1960, com o crescimento do interesse de acadêmicos, filósofos, escritores, artistas e cientistas explorando cenários futuros e estabelecendo as bases para um diálogo comum. A primeira geração de futuristas incluiu **estrategistas** de guerra, como Herman Kahn, **economistas**, como Bertrand de Jouvenel (que fundou a Futuribles International, em 1960), **cientistas**, como Dennis Gabor, **sociólogos**, como Fred L. Polak, **pesquisadores**, como Marshall McLuhan e suas reflexões sobre a aldeia global, **inventores**, como Buckminster Fuller (um dos primeiros indivíduos a perceber e calcular a aceleração da mudança), e Arthur C. Clarke, que entre as inúmeras contribuições que trouxe para o pensamento sobre o futuro estão duas frases que se tornaram mantras futuristas: "Toda tecnologia suficientemente avançada é indistinguível de mágica" (sua 3ª Lei, como ficaram conhecidas suas reflexões sobre futurismo) e "Quando um cientista consagrado idoso declara que algo é possível, ele quase sempre está certo. Quando ele declara que algo é impossível, provavelmente está errado".

Em 1968, surgiu o Institute For The Future (**IFTF**), *think tank* considerado o primeiro instituto de futurismo do mundo, inicialmente focado em estudos de futuro com interesses governamentais. Gradativamente, seus estudos passaram a incluir assuntos de negócios e sociais. Entre os seus fundadores está **Paul Baran**, pioneiro no desenvolvimento de redes computacionais. Ao longo dos anos, o IFTF tem sido o berço e a casa de inúmeros futuristas de destaque, como **Bob Johansen** (criador do conceito VUCA Prime e autor do livro *Full-Spectrum*

Thinking) e **Jane McGonigal**, referência na área de pesquisa do impacto social dos jogos.

A partir dos anos 1970, os estudos do futuro se ampliaram de forma geral, fazendo emergir diversos outros institutos no mundo (por exemplo, o Institute for Futures Research, ou IFR, em 1974, na África do Sul) e abraçando uma gama ampla de interesses, como tecnologia, questões sociais e outras preocupações, como a interseção de crescimento populacional, disponibilidade e uso de recursos, crescimento econômico, qualidade de vida e sustentabilidade ambiental. Nesse contexto, é publicado o best-seller *Future Shock*, de **Alvin Toffler**, explorando o cenário futuro em termos da sobrecarga informacional.

No final do século XX, **John Naisbitt** e **Faith Popcorn** se destacaram com os seus estudos do futuro, resultando em publicações que se tornaram *best-sellers*: *Megatrends*, de 1982; *High Tech, High Touch*, de 1983, e *O relatório Popcorn*, de 1991.

De lá para cá, nas décadas seguintes, as transformações no planeta foram gradativamente favorecendo o florescimento e a disseminação do futurismo, de modo que hoje contamos não apenas com vários respeitados institutos de futurismo no mundo, mas também com sólidos programas acadêmicos em universidades, consultorias especializadas e pesquisadores independentes (*foresight practitioners* ou futuristas, em português), além de departamentos de futurismo dentro de grandes corporações, ONGs e governos.

Criando futuros estrategicamente

E como são **desenvolvidos os estudos de futurismo**? Da mesma forma que em qualquer outra área do conhecimento, em futurismo existem diversas linhas de pesquisa e metodologias, como Protocolos de Pensamento Antecipatório, *Backcasting*, *Workshops* de Futuros, Simulação e Modelagem, *Visioning* e *Role-playing* adaptativo, entre outros. Normalmente, uma pesquisa de estudos de futuros envolve vários métodos combinados para atender às especificidades do tema em questão, que pode variar desde uma área com abrangência genérica e ampla (por exemplo, futuro do clima, ou da filantropia, da educação, do dinheiro, etc.) até tópicos mais específicos, como o futuro da educação na minha região.

Além da condução por **profissionais capacitados em futurismo**, que saberão **escolher e utilizar os métodos mais adequados** para cada caso, outro pilar importante de um estudo de futuros consiste na seleção dos participantes do estudo. O futuro não é criado por um único indivíduo, mas por todos que estão envolvidos de alguma forma em ações que o determinarão. Portanto, um estudo de futuros deve sempre **abranger membros representativos de todas as áreas de interesse** relacionadas ao ecossistema do tema em análise, para garantir que o máximo de visões sejam consideradas. Quanto mais **multidisciplinar** for o grupo de indivíduos, menores serão as chances de enviesamento do processo. Com isso, conseguimos traçar cenários de futuros nas suas mais diversas, amplas e possíveis versões, tanto boas quanto ruins, e esse é um dos principais benefícios do futurismo: **combater os**

vieses individuais e setoriais nos planejamentos estratégicos que, frequentemente, resultam em fracassos.

Um dos grandes problemas da atualidade é justamente o pensamento enviesado, pois está na raiz de fenômenos como polarização, alienação, negacionismo e pós-verdade, entre outros, que têm ganhado corpo nos últimos anos. Portanto, o principal benefício dos estudos de futuros é **evitar enviesamentos e a miopia do "curtoprazismo"**, cada vez mais perigosa não apenas para os futuros de negócios como também (e principalmente) para os futuros da humanidade.

Enxergando mais longe

Além do período de dez anos à frente normalmente utilizado pelos estudos de futuros, torna-se cada vez mais importante considerar domínios de tempo maiores para garantir a nossa sustentabilidade. Um exemplo dessa abordagem são os estudos de **Big History**, que analisam desde o Big Bang até o presente, focando como a humanidade se encaixa no universo e ampliando ainda mais a nossa visão de curto prazo e limitada.

Outra iniciativa na linha de expandir a nossa visão (e atuação) é a **Long Now Foundation**, que olha para daqui a dez mil anos, com o objetivo de oferecer um contraponto à visão atual de "mais rápido e barato", buscando uma mentalidade que promova um pensamento "mais lento e melhor".

Liderando o futuro

Da mesma forma que todos nós provavelmente tivemos a disciplina de estudos do passado (História) durante a nossa educação, daqui em diante deveríamos incluir o **design de futuros como disciplina obrigatória desde a educação básica**, nos capacitando a traçar cenários, escolher e criar estrategicamente futuros melhores, minimizando os impactos do acaso em nossas vidas.

A História nos ensinou que, para nos libertarmos do passado, precisamos estudá-lo para não o repetir. Ensinou igualmente que, se quisermos liderar o futuro, também precisaremos estudá-lo para que possamos criá-lo.

7
PRÓXIMOS PASSOS

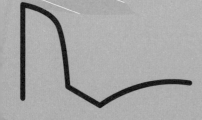

Um convite para
um passinho por dia,
todos os dias.

"

Por que ler este capítulo.
Assista:

O livro termina aqui, mas ele é apenas o início do próximo passo na sua carreira. O **desenvolvimento de habilidades não é um destino, mas uma viagem** contínua e transformadora por meio da qual nos tornamos aquilo que queremos e precisamos ser.

Como vimos anteriormente, conhecer as habilidades que devemos desenvolver é necessário, mas não suficiente para desenvolvê-las. Para tanto, precisamos também adquirir **conhecimentos** e cultivar as **atitudes** que possibilitem o processo.

Apesar de desafiadora, essa jornada de desenvolvimento é **suave**, pois requer a aquisição e prática gradativa de conhecimento, habilidades e atitudes para se realizar. O **crescimento não acontece por meio de grandes saltos,** mas de **pequenos passinhos sucessivos** que vão, assim, criando os degraus necessários para a subida. Fazer um pouquinho por dia, todo dia, tem um **poder extraordinário** – além de permitir **fazer muito com pouco,** às vezes, possibilita fazer também aquilo que parecia impossível à primeira vista (figura 7.1).

Figura 7.1 Crescimento não em grandes saltos, mas em pequenos passos sucessivos.

Nesse processo, quando fazemos e melhoramos um pouquinho por dia, todo dia, por menor que seja esse pouquinho, depois de um tempo, teremos um montão. O segredo? Saber **aonde quer chegar** e dar o **primeiro passinho**.

Esperamos que a leitura até aqui tenha contribuído para a escolha do destino. Agora, o primeiro passinho é com você.

Assim, desejo que este livro seja um **convite** para que você embarque em uma viagem cada vez mais rica em conhecimento, que te proporcione a **lapidação de atitudes** e a **construção de habilidades** que te ajudem, ao longo de toda a sua vida, a **abraçar as mudanças do presente** com confiança e sucesso para **desenvolver uma carreira profissional** que te mantenha sempre **relevante** para toda e qualquer **realidade** que o **futuro do trabalho** te levar.

#tamojuntonessajornada

ÍNDICE

Aceleração tecnológica, A, 205

Adaptabilidade e flexibilidade, 97

Alfabetização tecnológica, 86

Ascensão e queda da inteligência, 129

Colaboração, 100

Compreendendo a revolução tecnológica atual, 25

Comunicação, 114

Conhecendo (ou relembrando) os pilares da nossa atuação profissional, 50

Criando futuros estrategicamente, 210

Criatividade, 93

Da estupidez à lucidez, 137

Desafios para desenvolver as habilidades que o futuro exige, Os, 78

Desenvolvendo o pensamento crítico, 144

DNA do trabalho na revolução atual, 44

Enxergando futuros, 197

Enxergando mais longe, 211

Evolução do sistema produtivo humano-tecnológico, 40

Evolução do sistema produtivo, 38

Futurismo, 202

Futuro do trabalho, 17

Futuros: previsão, visão e ação, 200

Habilidade zero, A, 121

Humanos & máquinas, 12

Identificando as habilidades para o futuro, 47

Letramento em futuros, 117

Liderando o futuro, 212

"Lucidificando" futuros, 195

Mapa do tesouro, 75

Mapeando habilidades estratégicas para vencer os desafios, 52

Máquina de lucidez, 149

Nossa bússola para navegar em um mundo complexo e acelerado, A, 124

Nossa caixa de ferramentas, A, 21

Pensamento crítico, 82

Pensamento sistêmico, 84

Pensando na vida, 142

Persuasão racional, 167

Próximos passos, 215

Questionamento, 153

Reconfiguração tecnológica do trabalho, A, 31

Repertório, 163

Resiliência, 107

Superação de vieses cognitivos, 179

Superpoderes, 80

Tomada de decisão, A, 140

Valores, 193